ON 교육과정 재구성

아홉 가지 수업 이야기

조호제·김미자·김유신·김자영·김화영
배난희·안희숙·양미정·조선형·최은아

박영story

머리말

최근, 교육과정 재구성 포럼에서 어느 초임 교사가 던진 질문이 아직도 귓가에 맴돌고 있다. '교육과정 재구성을 꼭 해야 하나요?' 교사는 재구성을 선택으로 여기지만 사실은 필수적인 일이다. 국가 교육과정은 일반적인 기준을 제시한 것이기 때문에 학교의 교육환경이나 학생들의 다양성과 특수성을 반영하기 어렵다. 그래서 교육과정을 학생에게 맞게 적절히 변형할 필요가 있다. 여기에는 목표, 내용, 교수·학습방법 및 평가 등을 모두 포괄하는 것이 바람직하다.

이 책은 가르치는 일이 세상에서 가장 오래된 직업 중의 하나임에도 불구하고 의사의 진료기록이나 법관의 판례처럼 축적되고 공유되어, 성찰과 성장의 자료로 활용되지 못하는 것에 대한 아쉬움에서 출발하였다. 교육과정 재구성에 대한 연구자이면서 실천가인 수석 교사들이 20년 이상 학교 현장에서 실제 가르치고 성찰하면서 터득한 경험적 지식을 바탕으로 재구성한 아홉 가지 수업 이야기를 모은 것이다. 교육과정 내용을 학생의 흥미나 수준을 고려하여 양과 질적인 측면에서 재구성한 사례, 교육과정 총론이나 교과에서 추구하는 가치를 지향하여 재구성한 사례들로 구성되었다. 이러한 수업 이야기가 독자들에 의해 더 새롭고 다양하게 재구성되고, 부족한 부분이 채워지면서 더욱 발전하고 진화되기를 바란다.

책은 크게 3장으로 구분된다. 제1장은 교육과정 재구성을 왜 해야 하고, 어떻게 해야 하는지, 또 언제 해야 하는지에 대한 것이다. 여기서는 주로 이론적인 내용을 소개하였다. 이론은 실제의 근거가 되기 때문에 재구성을 하려는 교사가 반드시 탐독해야 하는 내용이라고 할 수 있다. 2장에서는 교과 중심의 재구성 수업 사례를, 3장에서는 교과 간 또는 주제 중심의 재구성 수업 사례 등 모두 아홉 가지 이야기를 제시하였다. 그 주요 내용은 다음과 같다.

머리말

첫째 이야기는 '연극으로 나누는 이야기'로 체험 중심 연극 내용을 추가하여 국어과 내에서 재구성한 것이다. 학생들이 자신의 이야기를 표현하고 우리의 이야기를 만들어 가는 과정을 통해 서로 소통하고 협력하며 능동적으로 성장하고 배울 수 있도록 구성하였다.

둘째 이야기는 '미래를 위해 함께 알아가는 민주주의'로 학습 내용의 맥락에 맞게 지도 순서를 재배열하는 데 주안점을 두어 사회과 내에서 재구성한 것이다. 이를 통해 민주주의의 기본정신과 원리를 알고 생활 속에서 실천해나가도록 돕는 것에 초점을 맞추었다.

셋째 이야기는 '수학 크리에이터 되기 프로젝트'로 학생들이 즐겁고 몰입도 있는 수학 수업을 위해 수학과 내용과 크리에이터 되기를 접목하였다. 전체 차시의 앞부분에서는 수학의 기본개념 익히기와 문제해결하기 활동을 하고 뒷부분에서는 기습한 내용을 동영상으로 다양하게 표현해 보도록 수업을 설계하였다.

넷째 이야기는 '눈에 보이는 에너지 전환'으로 보이지 않는 에너지에 대한 개념이 눈에 보이는 다양한 활동이 되도록 과학과 내에서 재구성하였다. 무엇보다 다양한 활동을 통하여 창의적 사고와 융합적 사고가 발현되는 수업을 위해 STEAM 수업으로 설계하였다.

다섯째 이야기는 '브람스로 소통하기'로 한 음악 깊게 듣기를 위하여 음악과 내 재구성으로 이루어졌다. 학생의 흥미와 요구를 고려하여 브람스 교향곡 1번을 제재곡으로 선택하였으며, 이 악곡을 중심으로 음악과의 영역 및 음악 개념과 활동을 재구성하였고, 음악적 소통역량을 기르는 데 강조점을 두었다.

여섯째 이야기는 '토론으로 더 깊고 넓게 읽어요'이며 '독서교육'에 대한 것으로, 국어과 내에서 독서 단원과 토론 단원을 통합하여 재구성하였다. 여기서는 학급독서용 도서를 선정하는 방법과 독서 방법, 독서한 내용을 심화시키는 토론 과정을 순차적으로 적용하였다.

일곱째 이야기는 '책 속에서 찾아볼까?'이다. 진로 교육으로 국어·실과·체육 교과를 창의적 체험활동과 통합하여 재구성하였다. 교육과정 재구성이 용이한 독서 단원을 기반으로 관련 교과와의 연계 활동을 통해 진로 인식과 탐색에 대한 수업 설계 방안을 제시하였다.

여덟째 이야기는 '갈등의 다리를 넘어 평화의 샘'으로 인성교육에 대한 것이다. 지금까지 시행되어온 다소 지루하고 일방통행식의 인성교육에서 탈피해 놀이와 활동을 통해 학생들이 스스로 배우고 깨닫는 인성교육이 이루어질 수 있도록 도덕과와 창의적 체험활동을 연계하여 재구성을 시도하였다.

아홉째 이야기는 '더불어 하나 되는 우리'로 공동체 역량과 세계시민 역량의 함양을 위하여 영어 교과와 창의적 체험활동을 통합하여 재구성하였다. 이를 위해 범교과의 세계시민교육에 조점을 맞추고, 영어 교과서에서 다루지 않은 다양한 세계문화에 대하여 학생들이 자기주도적으로 탐구하는 프로젝트 학습 방법을 적용하였다.

집필하는 과정에서 저자 간에 교육과정 재구성에 대한 경험을 함께 공유하고 나누었다. 그래서 책으로 엮어내는 과정은 실천적 배움이 풍성해지는 시간이었다. 이제 막상 한 권의 책으로 나오게 되니 아쉬운 점들이 눈에 들어온다. 그러나 교육과정 재구성에 대한 노하우를 제공하여 교사들이 성장을 경험하고 그 경험은 다시 더 높은 성장을 위한 기반이 되어 교실 수업은 꾸준히 개선되리라 믿는다. 이 책이 성장하는 교사를 위한 작은 촛불이 되기를 바란다. 끝으로 학교 현장교육의 발전을 위해 도움을 주신 박영스토리의 안상준 대표님, 노현 이사님, 이영조 차장님, 배근하 과장님께 감사드린다.

2020년 5월 1일

대표 저자

차례

I Why? How? When?

II 교육과정 재구성의 실제 I

(교과 내 재구성 또는 교과 중심 재구성)

III 교육과정 재구성의 실제 II

(교과 간 재구성 또는 주제 중심 재구성)

I

Why? How? When?

01

Why: 교육과정 재구성

교육과정 재구성을 한두 마디로 단언하여 규정하기는 어렵다. 교육과정에 관련되는 당사자들이 교육과정 연구나 교육과정 실행에서 자신의 역할이나 관점에 따라 교육과정을 다양한 의미로 이해하듯이 교육과정 재구성도 다양한 의미로 이해한다(김평국, 2017). 교육과정 재구성을 학생, 학교, 지역의 특수한 상황에 따라 변경하는 것이라는 관점(김대현, 1994), 교육과정과 교과서를 검토하여 학교의 실정과 학생의 요구에 맞게 구성한다는 관점(곽병선, 김재복, 1989), 교사가 국가 수준, 지역 수준, 학교 수준 교육과정을 자신의 것으로 만들어가는 과정이라는 관점(허영주, 2011), 교육 정책, 교육 상황, 학습자 특성을 고려하여 교사가 자신의 전문성을 발휘하기 위한 교육과정으로 구성하는 것이라는 관점(방기용, 2012) 등 용어에 대한 다양한 의견이 제기되어 있는 것이다.

일반적으로 교육과정 재구성은 교사의 수업 실행 측면에서 정의되는 것으로 '교사가 전문적인 시각으로 국가 교육과정에서 제시하고 있는 교과 교육 목표, 내용체계, 성취기준, 교수·학습 방법 및 평가를 분석하고 재해석하여 교사 자신의 교육과정을 만들어가는 것'(경기도교육청, 2014)이라는 범주에서 제시하는 것이 보편적 정의이다. 즉 교육과정 재구성은 교사가 자신의 전문성에 기초하여 주어진 교육과정 목표를 효과적으로 달성하기 위해 수업을 계획·실행·평가하는 과정에서 상위 수준의 교육과정, 교과서, 교사용 지도서 등을 학습자와 교육적 상황에 맞게 구현, 재조직 및 재구성하는 의도적이고 해석적인 활동이라고 할 수 있다.

일찌이 Dewey(1902)는 교육과정이 교실 밖에서 계획 개발되어 교실에 외삽적으로 적용·실행되는 것이어서는 안 된다는 것을 강조한 바와 같이, 국가 수준 교육과정의 최종 종착지인 교실에서 학생중심수업이 구현되기 위해서는 교육과정 재구성 즉, "국가에서 만든 교육과정과 교재를 검토하여 학생, 학교, 지역의 특수한 상황에 따라 변경·재형성하는 작업"(박현주, 1996; 최나영, 2016)이 이루어져야 하는 것이다.

Snyder(1992) 외는 지난 20년간의 관련 연구들을 종합하여 교육과정 실행의 접근 방식을 충실도 관점(fidelity perspective), 상호 적응 관점(mutual adaptation), 교육과정 생성 이론 관점(curriculum enactment)으로 제시하였다. 이 가운데 충실도 관점은 교사가 전문가에 의해 개발된 교육과정을 수동적으로 받아들이는 것이 아니라 주어진 교육과정을 적절하게 받아들이는 능동적 입장에서 학생에게 전달하는 것을 강조하였다. 이는 외부 개발자(external developer)에 의한 교육과정을 사용자로서 다시 구성한 교실 수업의 계획이다. 특히, 교육과정 생성은 두 가지 수준이 존재하는데 하나는 거시적인 정책 결정의 수준이고 다른 하나는 실행 행동의 미시적 수준이며 여기에서 교실에서의 교육과정 적응이 재구성과 직접적으로 관련된다(강현석, 2012). 이는 교육과정이 외삽적으로 적용·실행되어서는 안 된다는 Dewey의 관점이나 교육과정을 적절하게 받아 학생에게 전달해야 한다는 Snyder의 관점은 모두 교육과정 재구성의 필요성을 강조한 것이라고 할 수 있다.

교육과정 재구성에서는 교사와 학생 그리고 교육 여건 즉, 학교나 지역사회의 다양한 교육자원 등에 대한 상황이 충분히 고려되어야 한다. 모든 교육의 출발은 교육활동을 둘러싼 제반 여건의 진단에서 시작되어야 하기 때문이다. 이는 마치 의사가 환자를 처방하기 이전에 진단 과정을 거치는 것과 같다고 할 수 있다. 정확한 진단이 정확한 처방을 가능하게 하고 병을 낫게 할 수 있듯이 교육과정 재구성을 하는 데 있어서도 주어진 다양한 상황을 깊이 있게 숙고할 필요가 있다. 이러한 과정이 생략된다면 교육과정 재구성을 통한 교육 효과는 기대하기 어렵다. 따라서 무엇보다 구체적인 상황에 놓인 개별 학생들의 특성과 수준에 맞추어 설계하는 것이 필요하다. 무엇보다 학생중심수업을 위해서 교육과정 재구성에서는 학습자 경험, 관심, 흥미 등의 실태 분석을 잘 해야 한다.

기본적으로 배움이란 학습자 개인의 특수한 상황 즉, 경험, 관심, 흥미 등에 기초하여 가르칠 내용을 선정하고 그에 알맞게 적절한 교수방법을 적용할 때 유의미한 효과를 기대할 수 있다. 이런 관점에서 볼 때, 국가 수준 교육과정은 일반적, 공통적인 동시에 표준적인 기준을 제시하고 있기 때문에 단위 학교의 환경이나 지역사회 특성, 학급과 학생의 특수한 상황을 모두 고려할 수 없는 한계를 지니고 있다. 따라서 학생들의 실제적인 삶과 관련지어 교육을 수행하고, 그들의 적극적인 참여와 배움을 이끌어내기 위해서는 국가 수준 교육과정의 방향과 핵심 내용에 대한 이해를 바탕으로, 주어진 상황과 맥락에 따라 교육과정을 재구성할 필요가 있다는 것이다.

교육부(2018)에서 고시한 2015 개정 교육과정 문서에는 교육과정 재구성과 관련된 내용이 다음과 같이 명시되어 있다.

> 교과와 창의적 체험활동의 내용 배열은 반드시 학습의 순서를 의미하는 것은 아니므로, 지역의 특수성, 계절 및 학교의 실정과 학생의 요구, 교사의 필요에 따라 각 교과목의 학년군별 목표 달성을 위한 지도 내용의 순서와 비중, 방법 등을 조정하여 운영할 수 있다.
>
> – 2015 개정 교육과정 총론 –

이와 같이 교육과정 재구성을 하기 위해서는 무엇보다 교사의 자율성과 함께 전문성이 요구된다. 교사는 단순히 교과서를 가르치기보다 교육과정에 담긴 정신과 철학, 배경 지식에 대한 지속적인 성찰을 통해 자율적으로 상황에 맞게 '교육과정 재구성'을 할 수 있도록 연구하고 실천해 나갈 필요가 있는 것이다.

이에 따라 각 시·도 교육청에서는 교사들의 교육과정 재구성 능력을 함양시켜주기 위해 각종 워크숍이나 연수를 시행하고 있으며, 학교 현장에서도 교육과정 재구성을 하기 위해 다양한 차원에서 여러 방식의 논의가 진행되고 있다.

그러나 여전히 많은 교사들은 교육과정을 재구성하고 이를 실행하는 것에 어려움을 느끼고 있다. 교육과정 재구성이 무엇이며 왜 해야 하는가, 교과서와 교사용 지도서가 있는데 무엇을 왜 새롭게 재구성해야 하는가, 재구성한 것과 재구성하지 않은 것의 차이는 무엇인가, 재구성은 어떻게 해야 하는가 등에 대한 많은 교사들의 고민이 있다. 이를 해결하기 위한 방법으로 교육과정에 대한 이해가 선행되어야 한다. 교사가 이해한(perceived) 교육과정은 교육과정 실행(implementation), 즉 수업의 질을 가늠할 수 있기 때문이다.

1) 교육과정 재구성의 기본 질문

기본적으로 교육과정 재구성은 [그림 1]과 같은 기본 질문을 갖는다(홍후조, 2018).

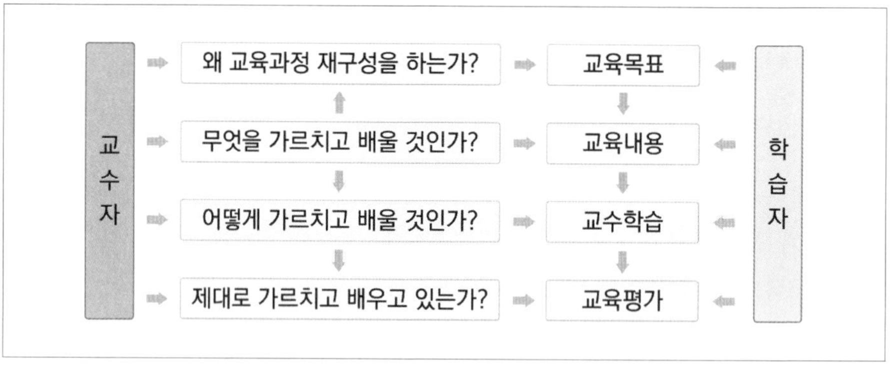

[그림 1] 교육과정 재구성의 기본 질문

교육과정 재구성의 출발점은 '왜 교육과정 재구성을 하는가', 즉 재구성의 필요성에 대한 교사 자신의 인식과 성찰이라 할 수 있다. 앞서 언급한 바와 같이, 교육과정 재구성은 보편타당한 범위에서 구성된 국가 수준 교육과정을 기준으로 하여 개별적인 교실에서 배움이 일어나도록 돕는 과정이다. 수업을 둘러싼 다양한 맥락에 대한 살핌과 살핌을 통해 나온 재구성의 목적에서 비로소 재구성의 과정을 이끌어갈 활력이 나오게 되는 것이다.

또한 교육과정 재구성의 기본 질문에서 무엇보다 중요한 것은 '무엇을 가르치고 배울 것인가?'에 관한 것이다. 이는 교육과정의 기본 질문 중에서도 가장 근본적인 질문이자, 교사가 수업을 계획할 때 우선 고려해야 할 질문이기도 하다. 어떤 학습 내용을 선정했을 때 그 학습 내용이 학교 주변 환경이나 학습자 특성을 고려하지 않은 것이라면 그 수업은 탈맥락적인 수업으로 흐를 수밖에 없다. 그렇게 된다면 학생들은 무엇인가를 배워도 공허한 내용이나 추상적인 느낌만 남게 되며 그것을 왜 학습해야 하는지에 대하여 답하기 어려울 것이다.

가령, 추운 지방에 사는 에스키모인에게 아프리카인들이 더위를 이겨내는 방법을 가르쳤다면 그 내용은 탈맥락적인 내용인 동시에 학생이 자신의 삶을 영위하는데 아무런 정보도 제공하지 못하는 결과가 된다. 따라서 교사는 학습 내용을 선정하는 과정에서 반드시 '무엇을 가르치고 배울 것인가?'에 대한 성찰이 선행되어야 하는 것이다.

무엇보다 재구성을 하는 이유가 명확하다면 실제 수업이 지향하는 바가 뚜렷해지게 되며, 이를 토대로 수업의 내용을 맥락에 맞게 설정하게 되며, 교수·학습 활동과 평가는 이들과 유기적으로 결합될 수 있다.

2) 교육과정 재구성의 범주

우리나라는 교육과정의 결정 방식을 부분 분권형의 형태를 취하고 있으며 국가 수준 교육과정이 학교 교육과정, 학급 교육과정으로 분화하도록 하고 있다.

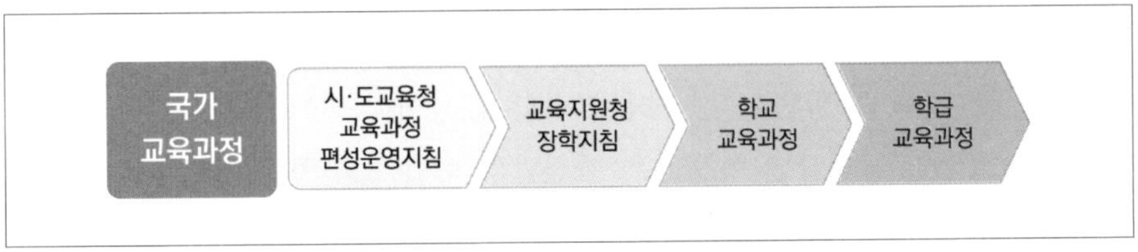

[그림 2] 교육과정의 분화 과정

[그림 2]와 같이, 교육의 주요 방향은 국가 기준에서 제시하고 지역의 특성을 살리는 교육과정을 운영하도록 하고 있다. 결국 국가 수준 교육과정이 시·도교육청 교육과정 편성·운영 지침으로 구체화되고 학교는 이를 기반으로 하여 교육 지원청의 장학지침을 고려하여 학교 교육과정을 편성한다. 또한, 나름의 특성화, 다양화된 학교 교육과정을 바탕으로 하여 다시 학급 교육과정을 편성한다. 따라서 재구성의 범주에는 학교 교육과정도 포함된다. 이러한 과정의 궁극적인 지점은 학급의 특정한 학생들이 된다. 결국, 교육과정 재구성을 했다는 것은 같은 동학년이라 할지라도 동일한 내용의 학급 교육과정이 만들어 질 수 없다는 것이다. 왜냐하면 학급 구성원의 특성이 다르기 때문이다. 학급 교육과정의 몸체는 교수·학습과 관련된 목표 설정, 내용 선정, 교수방법 선정, 평가 등이다. 이와 같은 편성 방향의 요체는 교과 교육과정의 재구성에서 시작된다고 할 수 있다.

3) 교육과정 재구성 영역

교육과정 재구성은 단순히 내용에만 국한해서 재구성하는 것이 아니다. 재구성의 주요 목적이 학생중심수업을 통하여 학습의 효과를 기대하는 것이라면 교육과정 내용의 재구성은 물론이고 첫째, 학습자 수준을 고려하여 맞춤형 수업이 가능하도록 목표를 설정해야 한다. 이때 목표는 대부분의 학생이 도달할 수 있는 가능성에 주안점을 두어야 한다. 이와 같이 새로운 목표의 제시는 내용의 수위를 조절하는 문제를 동반하게 된다.

둘째, 학습 동기가 발현되도록 학습자의 경험, 관심, 흥미 등을 함께 고려하여 내용을 재구성하는 것이 필요하다. 너무 쉽거나 어려운 내용이 아닌 중간 수준의 학생이라면 무난히 도달할 수 있도록 배려해야 한다. 그러나 앞서가는 학생을 위한 심화학습, 느린 학생을 위한 보완학습도 함께 고려할 필요가 있다.

셋째, 교수·학습 방법도 신중히 고려할 대상이다. 교사에게 맞는 자신만의 가르치는 스타일이 있다면 학생들은 자신만의 학습 스타일을 갖고 있다. 이러한 학습 스타일을 존중하는 것은 학습의 효과를 가장 극대화시킬 수 있는 방법이 된다. 따라서 획일적인 한 가지 방법의 학습 스타일이 아닌 다양한 옵션을 선택할 수 있는 학습 유형의 기회를 제공하는 것도 중요하다.

넷째, 평가는 학생이 성장할 수 있도록 현재의 위치를 확인하는 것이기 때문에 성장참조평가에 기반한 과정중심평가를 실시하는 것이 바람직하다. 이와 같은 평가 결과는 교사와 학생 모두에게 교수와 학습 방법에 대한 반성의 기회를 제공하게 되며 교사는 이를 기반으로 다음 재구성의 주요 근거로 활용할 수 있다.

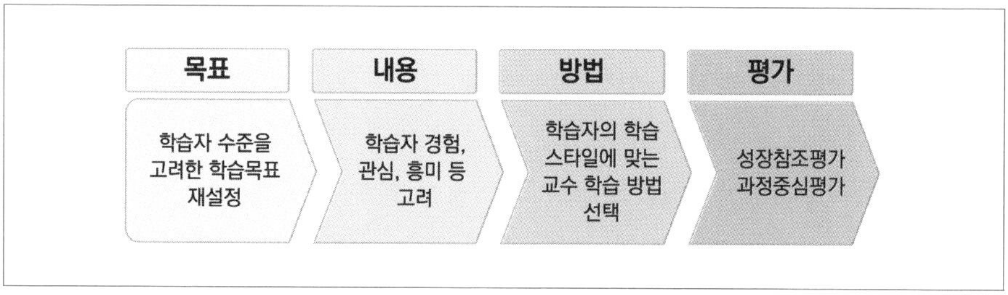

[그림 3] 교육과정 재구성의 영역과 방법

4) 교육과정 재구성과 학생중심수업

무엇보다 교육과정 재구성은 학생중심수업을 위해서 필요하다. 학생중심수업의 특징은 [그림 4]와 같이 정리해볼 수 있다(강인애, 주현재, 2009).

지식론	지식의 개별적·사회적 구성을 강조한 구성주의 인식론의 토대
학습자론	학습자가 학습의 주체자로서의 권한을 가짐
학습론	상황적·협력적 학습 환경에서의 체험적·성찰적 학습을 통해 개별적 의미구성이란 학습활동을 수행해 나가는 것
교사론	학습자의 학습활동을 촉진시키는 조력자로서의 역할 수행

[그림 4] 학생중심수업의 특징

학생중심수업은 우선 지식론의 관점에서 능동적 참여를 통한 개별적 의미 구성 및 삶과 연결된 실제적 성격의 과제와 함께 내용과 방법에 대해 통합적으로 접근하는 것에 초점을 맞춘다. 다음으로 학습론/학습자론의 관점에서는 평생교육의 차원에서 '성찰적 학습', '자기 주도적 학습', '협동 학습' 등을 통해, 학습자가 스스로 자신의 학습과정을 선택하고 성찰하는 한편 다른 학습자들과 상호작용하며 함께 나아가야 함을 강조한다. 마지막으로 교사론의 관점에서 학생중심수업은 교사를 '학습의 촉진자'로 자리매김한다. 학생중심수업을 위해 교사는 학생들에게 자발성과 자기주도성을 부여하며 적절히 개입하여 지도하기 위하여 전문적인 능력과 판단력을 갖추어야 하며, 학습자가 지닌 잠재력, 가능성, 개별성을 충분히 발휘할 수 있는 학습 환경을 제공해주는 역할을 수행해야 하는 것이다.

교육과정 재구성은 바로 이러한 교사의 역할이 발휘되는 과정이라고 할 수 있다. 교사는 국가 수준 교육과정 개발자들이 잘 모르고 있는 학생, 교실, 학교의 여건을 잘 알고 있기에 이러한 지식을 활용하여 교육과정을 재구성할 수 있으며, 교실 상황에 익숙하기 때문에 "앞으로 해야 할 것과 지금 하고 있는 것 간의 차이"에 따라 문제를 이해하고 해결하여 변화와 개선으로 나아가는 견인차 역할을 할 수 있으며, 또 해야 하는 것이다.

5) 교육과정 재구성을 위해 필요한 교사의 역량

교육과정 재구성은 국가 수준 교육과정을 있는 그대로 따르는 것이 아니라 주어진 상황과 맥락에 따라 교실 수준 교육과정으로 바꾸는 일이다. 따라서 이를 위해서 교사가 "가르칠 교과 관련 지식, 학습자에 대한 지식, 학교나 지역 여건에 대한 지식, 교육과정 개발 지식" 등을 갖추고 있어야 한다. "교과에 대한 본질이나 특성에 대한 이해를 바탕으로, 어떤 수업이 교과 교육의 철학이나 목적에 부합하는지, 가르치는 내용이나 방법이 적절한지 등을 분석하고 비판할 수 있는 눈"(신헌재 외, 2009)을 갖고 교육과정을 해석하며 읽을 수 있어야 하는 것이다.

교육과정을 이해하고 활용하는 교사의 역량을 단계별로 구분하면 [그림 5]와 같다.

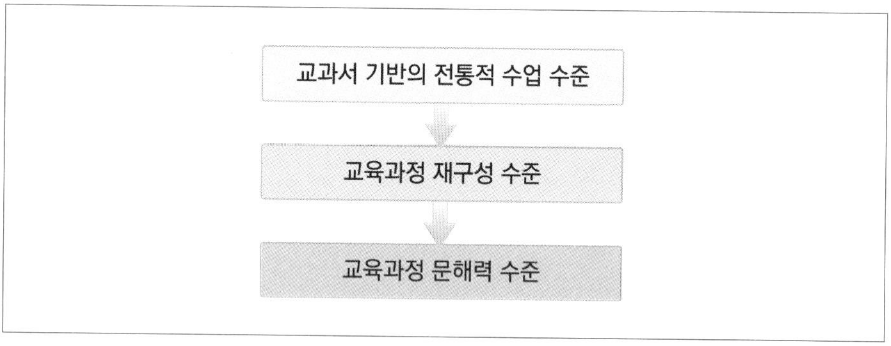

[그림 5] 교사의 교육과정 이해 및 활용 수준

교육과정에 대한 교사의 역할은 교과서를 비롯한 학습 보조자료의 지식에 생명을 불어넣고 추상화된 진리와 가치를 구체화하고 구상화하여 학생들에게 감동으로 다가갈 수 있도록 하는 것이다. 이렇게 볼 때, 교육과정 이해와 활용의 가장 높은 수준에서는 교육과정 문해력을 필요로 한다고 하겠다.

교육과정 문해력이란 교사의 교육과정 읽기 능력으로, '교육과정 문서를 읽고 해석, 이해하는 학습과정을 통해 교육과정의 배경 및 기본 방향, 교과의 내용 등 교육과정에 대한 교사 자신의 전문적인 지식과 안목을 종합적으로 구성하고 이를 수업 사례를 위해 지속적으로 활용하는 능력'(백남진, 2013)을 뜻한다. 각 교과의 성격에 대한 이해와 지식을 바탕으로, 교육과정에 대한 해석을 통해 개발자의 취지와 한계를 성찰하며 맥락에 따라 교사 스스로 자신의 교육과정을 구성할 수 있을 때, 전문성과 함께 자율성을 발휘할 수 있을 것이다.

교육과정 문해력을 강조한다고 해서 교과서 기반의 전통적 수준에서 진도를 나가는 것이 불필요하다는 것은 아니다. [그림 5]에 제시된 세 가지 수준은 수업의 맥락에 따라 적절하게 적용될 수 있다. 다만 교과서 기반의 전통적 수준에서도 수동적인 사용자에 머무르는 것을 경계하고 능동적인 실행자가 되도록 해야 할 것이다. 또한 개발된 교육과정을 충실히 실행하는 것을 넘어, 교육과정을 재구성할 수 있고, 나아가 문해력 수준에서 교사 수준 교육과정을 설계할 수 있는 역량을 가져야 할 것이다. 교사가 교육과정에 담긴 철학과 비전, 교과의 배경 지식을 바탕으로 '교육과정 재구성'을 연구하고 실천해 나갈 때 비로소 교과서 중심 수업에서 벗어나 교육과정 중심 수업으로 전환될 수 있다.

02

How: 교육과정 재구성

1) 교육과정 재구성과 성취기준

교육과정 재구성을 위해서는 무엇보다 국가 수준 교육과정에서 제시하는 성취기준을 분명히 이해하고 이에 도달하도록 돕는 것이 필요하다. 교육과정 성취기준이란 교육이념과 교육목표를 달성하고 핵심역량을 함양하기 위해, '일반적인 교육과정을 이수한 학생이라면 누구나 알 수 있고 또한 할 수 있어야 하는 최소한의 기준'을 뜻하는 것으로, 학습목표－내용－평가 설정의 근거가 된다.

교과서의 내용은 이와 같은 성취기준에 의해 구성된 것으로서, 하나의 사례를 보여주는 것이라고 할 수 있다. 즉 성취기준은 다양한 학습 내용을 통하여 달성할 수 있는 것을 의미하며, 성취기준에 따른 내용이 특정한 것으로 제한되어 있지 않기 때문에, 교사는 학생들을 성취기준에 도달시키기 위해 교과서 내용에 충실할 수도 있지만 교과서 내용을 보충하거나 추가하고 일부 내용을 삭제할 수도 있다. 경우에 따라서는 아예 다른 내용으로 대체하는 것도 가능하다. 이와 같이 성취기준에 따라 적절한 내용을 선정하는 것은 교사의 전문성과도 관련된다. 결국, 성취기준에 따른 학습내용의 선정을 교과서에만 의존하는 것이 아니라 학교나 학급의 실태에 맞게 내용 순서 재배열, 적절한 내용으로 대체, 추가, 생략, 축약 등을 통하여 교육과정이나 교과서 및 지도서를 재구성하는 것이 필요한 것이다.

2) 교육과정 재구성의 유형과 방법

교육과정 재구성 유형은 내용 순서 재배열, 내용 추가, 내용 대체, 내용 생략, 내용 축약, 타교과와 융합 등으로 구분할 수 있다(김평국, 2005). 유형에 따른 교육과정 재구성 방법을 제시하면 다음과 같이 정리할 수 있다.

• **내용 순서 재배열:** 교과내용의 특성, 단원의 연계성, 수업 시수의 부족 등을 고려하여 단원의 순서를 바꾸어 재구성하는 유형

> 예 일상생활에서 민주시민으로 살아갈 역량을 키우는 것에 초점을 맞추기 위하여 '민주 정치의 원리' 이전에 '일상 생활과 민주주의'가 제시된 것을 '민주 정치의 원리' 이후에서 실행될 수 있도록 순서를 재배열함 (사회과 내 재구성, 본문 46쪽 참조)

• **내용 추가:** 단원 내용의 특성과 학생의 수준, 지역 및 학교의 특성을 고려하여 내용을 추가하는 재구성 유형

> 예 영어를 통한 세계시민교육을 위해 '다른 나라의 문화를 알리는 여행박람회 기획하기', '여행박람회를 위한 문화체험 부스 준비하기' 내용을 추가함 (세계시민교육을 위한 재구성, 본문 220쪽 참조)

> 예 연극을 통해 자기 자신과 타인을 이해하고 표현하며 소통하는 것에 초점을 맞추기 위해, '친구의 감정 표현 느끼기', '일상에서 인상 깊은 경험 찾고 나누기', '경험으로 이야기 만들기' 등의 내용을 추가함 (국어과 내 재구성, 본문 31쪽 참조)

• **내용 대체:** 학생의 수준이나 흥미, 실생활과의 연계성 등을 고려하여 단원 내용의 일부가 부적절하다고 판단하여 이를 교과서 이외의 내용으로 대체하는 유형

> 예 음악교과 내 재구성의 경우: 브람스와 소통하기를 위해 '이야기 음악 만들기'를 '브람스 음악을 듣고 그림과 역할극으로 표현하기'로 대체함 (음악과 내 재구성, 본문 112쪽 참조)

• **내용 생략:** 학습 목표를 고려하거나 학생의 수준에 맞추기 위하여 혹은 실기 및 실험 시설이 미비하여 단원이나 단원의 일부 내용 혹은 종목을 생략한 경우

> 예 수학 크리에이터 되기 프로젝트를 위하여 '좋은 수학 크리에이터 찾기', '수학 크리에이터 영화제'를 추가하면서, '배운 내용 정리하기', '로봇의 규칙 알아보기'의 내용을 생략함 (수학과 내 재구성, 본문 72쪽 참조)

• **내용 축약:** 성취기준을 이미 다룬 경우, 일부 내용을 보다 충실히 구성한 경우, 혹은 전체 영역을 다루기에는 시수가 부족하여 일부 단원의 내용을 축약한 경우

예 책을 읽고 질문을 만들어 토론하는 활동에 초점을 맞추는 한편 기습한 내용이 반복 심화되었기에 '토론이 필요한 경우 알기', '글을 읽고 타당성 평가하기' 내용을 축약함 (독서교육을 위한 재구성, 본문 139쪽 참조)

• **타 교과와 융합:** 학습 주제와 관련되는 여러 교과 내용을 통합적으로 구성한 유형

예 '책 속에서 진로 찾기'를 위하여 '실과'와 '국어' 교과를 융합함 (진로교육을 위한 재구성, 본문 172쪽 참조)

예 인성교육은 생활 속에서 자율적으로 실천하는 과정이 필요하기에 도덕과 창의적 체험활동을 융합함 (인성교육을 위한 재구성, 본문 202쪽 참조)

예 과학과 에너지 관련 실험으로 에너지의 실체를 느껴보고 생활에서 어떻게 활용되는 것인지를 알아보기 위해 국어교과와 미술교과를 융합함 (눈에 보이는 에너지 전환, 본문 94쪽 참조)

3) 교육과정 재구성의 설계 방법

앞서 제시한 교육과정 재구성은 교육과정 내용을 중심으로 양의 조절이나 질과 관련된 재구성에 치중한 유형으로 볼 수 있다. 그러나 교육과정 재구성은 교사의 전문성 영역에서 볼 때 그 범위가 매우 포괄적이라고 할 수 있다. 가령, 교육과정 총론이 추구하는 가치를 구현하는 재구성, 궁극적으로 교과 교육목표를 달성하는 데 가치를 지향한 재구성, 학생들의 이해를 촉진시키기 위한 교수내용학적 지식(PCK)을 적용하는 재구성 등 교육과정의 내재적 가치(intrinsic value)를 구현하기 위한 재구성 등으로 그 분야는 다양하다고 할 수 있다. 그 중 일부 방법을 제시하면 다음과 같다.

• 주제 중심 재구성 설계

학습자가 속해 있는 공동체에서 사회적 관심의 대상이 되고 있는 문제나 주제를 중심으로 교과 교육과정을 재구성하는 경우이다. 개인적 차원의 문제와 사회적 차원의 문제를 모두 망라하여 윤리적 문제를 다루고, 다양한 관점들을 균형적으로 고려하는 태도의 함양을 목표로 교육과정이 구성된다. 학습자의 관심도, 학습자의 이해 가능성, 자료의 적절성, 사회적 중요성, 창의적 문제해결 요청 정도 등을 들 수 있다.

예 인성교육, 세계시민교육, 진로교육 등

• 수업 방법 중심 재구성 설계

주제에 다른 수업 운영 방법과 수업 전략을 어떻게 설정할 것인지를 염두에 두고 교육과정을 재구성하는 방법이다. 적용하고자 하는 수업 방법을 용이하게 운영하기 위해 사전에 교과 교육과정을 분석하고 단원별 핵심요소를 파악하여 단원별 목표를 중심으로 학습 전개 순서를 재배열하는 방법과 같은 경우이다.

예 협동학습, 프로젝트학습, 탐구학습, PBL 등

• 핵심 역량 중심 재구성 설계

창의적 문제해결력, 의사 소통력, 시민의식 등 미래 사회에 필요한 핵심역량을 증진시키기 위해 이를 목표로 교과 교육과정을 재구성하는 방법이다. 예를 들면, 창의적 문제해결력 함양을 위한 교육과정은 문제의 발견 및 아이디어 양산과 같은 창의적 측면을 강조하여야 하므로, 이를 위해서 개방적이거나 비구조화 된 문제 상황이나 딜레마 상황을 중심으로 내용을 재구성하여 학습자에게 제시하는 방법이다.

예 문화소통역량, 창의융합역량 등

• 교과 내 재구성 설계 교과 간 재구성/교과와 비교과 재구성

교과의 핵심 개념이나 내용을 중심으로 서로 다른 단원이나 영역을 통합적으로 재구성하여 시간적 측면이나 내용을 통합하여 이해하는 데 효율성을 높이는

방법이다.

예 음악과의 표현영역과 감상영역의 통합, 형식개념학습을 위한 감상, 악기연주, 신체표현활동의 통합, 과학과 에너지 실험과 국어과와 미술과의 통합 등

• 교과 간/교과와 비교과 간 재구성 설계

서로 다른 2개 이상 교과의 연관되는 단원 내용을 연결 지어 학생의 이해와 적용을 쉽게 할 수 있도록 통합하여 재구성하는 방법이다. 앞서 언급한 주제, 핵심역량 등에 따라 교과 간 또는 교과와 비교과 간 재구성이 이루어질 수 있다. 예를 들어, 역사수업에서 학교가 속한 지역의 역사적 유물이나 유적이 소개되면 창체활동의 자율활동을 통한 문화재 답사를 실시하여 체험중심의 교과학습과 연계하여 지도하는 방법으로 재구성 할 수 있다. 다음은 지구 환경을 주제로 창의적 체험활동과 교과를 통합한 예시이다.

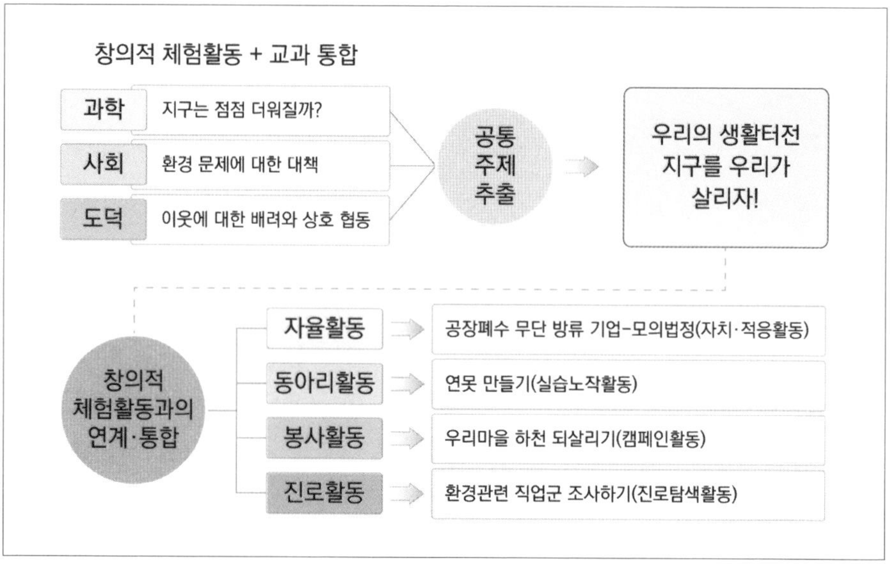

[그림 6] 교과와 비교과 간 재구성 설계방법 예시

• 수준별 수업을 위한 재구성 설계

학습 목표에 도달하지 못한 학생에게는 기본적인 수준의 보충학습 기회, 목표에 도달한 학생에게는 보다 발전적인 심화형 학습기회를 제공하는 방법으로 교육과정을 재구성한다. 특히, 2015 개정 교육과정에서는 수준별 수업과 맞춤형 수업을 모두 제시하고 있다. 맞춤형 수업은 학생들은 개개인이 다양한 적성과 능력을 가지고 있으므로 교과별로 성취해야 할 최소의 목표를 달성할 수 있도록 개별 학생에게 맞춤식의 학습이 필요하다. 획일적인 학습 방법은 학생들의 다양한 성향에 맞출 수 없기 때문이다. 그러므로 학습의 기회와 방법은 다양해져야 하며 특히 성취 능력이 부족한 학생들에 대한 특별 지도 등의 배려가 필요함을 강조하고 있었다(온정덕 외, 2015). 또한, 2015 개정 교육과정에서는 수준별 수업과 연계하여 시·도 교육청은 단위학교에서 기초학습부진학생을 조기에 진단·지도하여 학습결손을 최소화하고 기초학력이 보장될 수 있도록 지원함을 제시하고 있는데 이는 교육과정 재구성에서 함께 고려할 문제라고 할 수 있다.

4) 교육과정 재구성의 절차

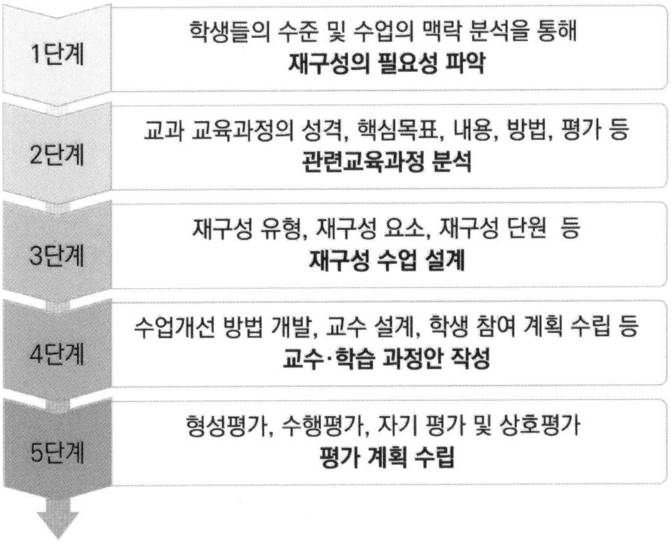

[그림 7] 교육과정 재구성의 절차

첫째, 학생들의 수준 분석 및 수업의 맥락 분석을 통해, 교육과정을 재구성해야 하는 필요성 및 관점을 분명하게 한다.

선행 학습 수준, 학습자의 경험, 학생의 선호도, 본 차시 또는 본 단원의 전

후 수업, 환경 및 절기 등 다양한 측면에서 이루어져야 한다. 학교 안팎에서 이루어진 학습자의 경험 뿐 아니라 학생들이 좋아하는 것과 잘하는 것 등을 파악하는 것이 교육과정 재구성의 기초가 되며, 교육과정 운영을 위한 기본시설 등의 물리적 환경도 함께 고려하는 것이 필요하다.

<표 1>은 재구성의 목적과 이에 따른 재구성 전략 및 방향의 예시이다.

〈표 1〉 재구성의 목적에 따른 전략 및 방향 예시

재구성의 목적	재구성 전략 및 방향
이해하기 쉬운 수업	• 적정한 난이도 고려 • 학생의 경험 자료 활용 • 도표, 마인드맵 등 시청각 자료 활용
재미있고 즐거운 수업	• 신비감, 인지갈등 등으로 도입 • 질문중심, 쟁점, 이슈, 테마 중심으로 진행
활발한 수업 참여	• 분명한 역할부여 및 역할놀이중심 • 게임학습 및 소그룹경쟁, 협동학습 자료중심 • 워크북이나 탐구활동중심 내용
실생활, 삶의 맥락과 관계	• 생활 속 친밀한 예문, 광고 등 배경지식중심 • 학습과제의 실용성, 자기목표, 목적과 연계
성공적인 자신감	• 선수지식, 기술, 태도를 쉽게 구성 • 쉬운 내용부터 어려운 내용으로 조직 • 단계별로 문제를 해결하도록 조직
수준별 심화학습	• 학습자 수준을 파악하여 내용 심화 • 발전 과제형, 초인지형 과제 • 논술형 학습내용
개인의 특성, 적성	• 다중지능학습 중심 • 학생의 인지양식을 파악하여 조직
문제해결력, 사고의 확장	• 학교생활과 실제생활을 결합 • 학습과정을 거쳐 구체적인 결과물을 내도록 함

둘째, 교육과정을 분석한다. 교육과정은 재구성의 범위와 기준을 제공하는 것으로서, 국가 교육과정 총론, 교과 교육과정, 이에 따른 교과서와 교사용 지도서 등의 교육과정 자료를 꼼꼼하게 검토하는 것이 필요하다. 2015 개정 교육과정의 각 교과별 교육과정은 다음과 같은 구조로 이루어져 있다.

❙ 〈표 2〉 교육과정의 기본 구조

<table>
<tr><td colspan="4">1. 성격: 교과의 특성, 필요성 및 역할, 교과 역량 등</td></tr>
<tr><td colspan="4">2. 목표: 교과의 총괄목표, 세부목표, 학교급 및 학년군별 목표 등</td></tr>
<tr><td rowspan="5">3. 내용 체계 및 성취기준</td><td colspan="3">가. 내용 체계: 영역, 핵심개념, 일반화된 지식, 내용 요소, 기능</td></tr>
<tr><td rowspan="4">나. 성취 기준</td><td rowspan="4">(1) 영역명</td><td>(가) 학습요소</td></tr>
<tr><td>(나) 성취기준 해설</td></tr>
<tr><td>(다) 교수·학습 방법 및 유의사항</td></tr>
<tr><td>(라) 평가방법 및 유의사항</td></tr>
<tr><td rowspan="2">4. 교수학습 및 평가의 방향</td><td colspan="3">가. 교수학습 방향</td></tr>
<tr><td colspan="3">나. 평가방향</td></tr>
</table>

먼저, 교과목표를 확인하고 관련된 주요 학습요소를 파악한다. 성취기준은 내용기준과 수행기준으로 구성되어 있으므로 수행기준에 연계된 기능을 길러 줄 수 있도록 해야 한다. 또한, 성취기준에 제시된 교수·학습 방법과 평가 방법 등을 반영하되 교과 전체의 교수·학습 방향 및 평가 방향을 동시에 고려할 필요가 있다.

셋째, 재구성 수업을 설계한다. 이를 위해 우선 교육과정 재구성의 유형을 결정하고, 재구성할 학습요소를 선정하며, 주요활동 등을 조직하여 교과내용을 재구성하고 지도계획을 수립한다.

넷째, 교수·학습방법을 개발 적용한다. 교수전략을 구안하고, 학생 참여 계획 등을 수립한 후 차시별 교수·학습과정안에 의해 수업을 실행한다.

다섯째, 목표와 내용에 연계된 평가계획을 수립하여 목표–내용–교수·학습방법–평가 등이 일관성있게 유지되도록 한다. 이때 평가는 수업 전에 잠정 계획을 수립하고 수업 후 평가 내용을 검토한 다음 평가를 실시한다.

〈참고문헌〉

강현석(2012). 현대교육과정 탐구. 서울: 학지사.

교육부(2018). 초·중등학교 교육과정 총론. 교육부 고시(제2018-162호).

곽병선·김재복(1989). 교육과정 운영론. 서울: 배영사.

경기도교육청(2014). 함께 만들고 함께 실천하는 학생 중심 교육과정.

김평국(2017). 교육과정학 용어대사전. 한국교육과학회. 서울: 학지사.

김평국(2005). 중등학교 교사들의 교과내용 재구성 실태와 그 활성화 방안. 교육과정연구, 23(4), 91-130.

박현주(1996). 교육과정의 재구성 과정: 개별적 교육과정. 교육학연구, 34(1), 231-249.

방기용(2012). 교사의 교육과정 재구성 저해 요인 분석: 근거이론의 적용. 경북대학교 대학원 박사학위논문.

신헌재 외(2009). 초등국어과 교수학습방법. 서울: 박이정.

온정덕·김경자·황규호·홍은숙·박희경·이현주(2015). 2015 개정 교육과정 총론 해설서(초등학교). 교육부. 발간등록번호11-1342000-000188-01.

최나영(2016). 이해를 위한 교육과정에 따른 초등교사의 교육과정 재구성 사례연구. 초등교육연구, 29(1), 125-150.

허영주(2011). 교사 상상력의 교육과정적 함의. 교육과정연구, 29(1), 137-163.

홍후조(2018). 알기쉬운 교육과정. 서울: 학지사.

Dewey, J. (1902). The child and the curriculum. Chicago: University of Chicago Press.

Snyder, J, Bolin, F and Zumwalt, K (1992). Curriculum implementation. Handbook of research on curriculum. New York: Macmilian the American Educational Research Association, 402-435.

03

When: 교육과정 재구성
-열두 달 교육과정 재구성 따라하기-

계절과 지역에 따라 제철에 가장 맛있는 음식이 있듯이 학급에서 이루어지는 활동에도 월별로 빛을 낼 수 있는 활동이 있다. 이러한 '제철 활동'을 더욱 빛내 줄 수 있는 교육과정 재구성 방법에는 어떤 것이 있을까?

1) 1월: 교육과정 재구성 바탕 다지기

겨울방학을 이용하여 신학기를 구상하는 교사들에게 1월은 신학기의 밑거름이 되어줄 더없이 귀중한 시간이다. 평소에는 학기 중의 다양한 일과에 쫓기느라 이론적인 뒷받침이 되어줄 연구서적을 읽을 시간이 부족했다면, 교육과정 재구성 1장의 Why & How를 살펴볼 것을 추천한다. 단단한 이론적 배경을 쌓고 나면 한 해의 교육과정을 어떻게 재구성하면 좋을지 새로운 관점을 갖게 될 것이다.

2) 2월: 책 속에서 나를 찾는 시간, 진로교육 주제 중심 교육과정 재구성

겨울방학은 끝나고 학년말 방학은 아직 남아있는 애매한 2월은 다가오는 3월에 시작되는 신학기를 준비하는 학생들에게 진로교육을 실시하기에 가장 적합한 시기이다. 직업체험이나 각종 체험장 방문도 좋지만 책을 통해 나의 미래를 간접 체험하는 것만큼 훌륭한 진로교육이 또 있을까? 책에 나타난 다양한 인물이 나의 미래와 연관되어 있다고 생각하면 학생들의 독서 몰입도는 현저히 달라진다. 특히 자존감을 형성해 나가야 하는 초등학생 시기에 나의 강점을 찾고 이것을 자랑스러워 하는 활동은 학생의 자아발달에 무척 중요한 의미를 가질 수 있다.

3) 3월: 갈등과 평화가 공존하는 학급규칙 세우기- 인성교육 주제 중심 교육과정 재구성

첫 만남은 누구에게나 설레는 낱말이다. 새 학년 첫 날, 교사와 학생의 첫 만남도 설레는 일 중 하나이다. 첫 만남의 설렘과 더불어 새로운 친구들과 사귀고 새로운 규칙에 적응하는 것은 학생들뿐만 아니라 교사에게도 부담이 될 수 있다. 교사가 정해서 제시하는 규칙을 학생들이 따르는 기존의 방식에서 벗어나, 학급상황에서 갈등이 생기는 원인을 살펴보고, 갈등해소를 위해 우리가 할 수 있는 일을 하나씩 짚어보며 우리 학급의 학급규칙을 정해보는 것은 어떨까? 인성교육을 주제로 한 교육과정 재구성을 통해 학생들이 자연스럽게 갈등해결의 과정에 참여하고, 갈등해결 과정에서 우리 학급에 필요한 요소를 도출한 학급규칙을 세울 수 있을 것이다.

4) 4월: 과학의 달과 함께하는 과학과 교육과정 재구성

4월의 가장 큰 행사는 과학행사이다. 기존의 과학의 달 행사에서는 행사 위주의 진행이 두드러져서 교육과정의 수업을 연결되어 있다고 보기 어려운 측면이 있다. 이번 과학의 달에는 과학과 수업을 연계하여 모든 학생이 주체적으로 탐구에 참여하는 새로운 방식의 재구성을 도입해보는 것은 어떨까? 에너지를 주제로 한 과학과 교육과정 재구성에서는 눈에 보이지 않는 에너지를 눈에 보이는 다양한 실험으로 끌어들여 학생들이 과학에 흥미를 느낄 수 있고 다양한 실험결과를 도출하고 정리하는 과정에서 탐구능력을 키울 수 있다.

5) 5월: 서로 소통하는 가정의 달과 음악과 교육과정 재구성

5월은 가정의 달로 가족이나 가까운 사람들에 관련된 다양한 행사가 진행된다. 가정의 달에 진행되는 다양한 행사에 빠지지 않는 것은 편지쓰기이다. 서로에게 보내는 편지를 통해 그 동안 잘 되지 않았던 소통의 기회를 갖고자 함이다. 소통의 중요한 매개가 되는 것은 언어로 우리가 쉽게 소통이라고 생각할 때의 모국어를 통한 소통을 떠올리게 된다. 그러나 아이들이 흔히 말하는 "말이 안 통해요!"는 우리가 다양한 소통의 가능성에 좀 더 관심을 가질 필요가 있다는 점을 상기시켜 준다. 한 걸음 나아가 다양한 소통의 매개체가 있다는 점에 주목해보면 어떨까? 브람스를 주제로 한 음악과 교육과정 재구성에서는 음악을 통한 소통의 가능성을 제시하고 있다. 같은 음악을 듣더라도 서로가 느끼고 이해하는 것이 다를 수 있다는 것을 음악이라는 소통의 언어를 통해 자연스럽게 이해하며, 이것이 사람 간의 소통에도 적용될 수 있음을 깨닫게 되는 의미 있는 수업이 될 것이다.

6) 6~7월: 나라의 근본을 되짚어보는 국경일과 사회과 교육과정 재구성

6월은 유독 우리나라의 역사에 의미 있는 날이 많다. 6월 6일의 현충일, 6월 10일의 6·10 민주항쟁 기념일, 7월 17일의 제헌절 등이 있는데, 이 중 7월 17일의 제헌절은 우리나라의 4대 국경일 중 하나로 국가적인 기념일이라고 볼 수 있다. 이렇듯 우리나라의 민주주의 발전과 관련된 기념일이 6월~7월에 자리하고 있는 것과 더불어 사회과에서 중요한 주제 중 하나인 민주주의와 관련된 사회과 교육과정 재구성을 통해 학생들이 스스로 그 의미를 되새겨보는 것은 어떨까? 민주주의라는 다소 어려운 개념을 그림과 만화를 통해 풀어나가며, 학생들이 스스로 창작자가 되어보는 경험을 통해 민주주의의 개념을 익혀 대한민국의 민주주의 발전에 대해 좀 더 깊은 이해의 시간을 가질 수 있을 것이다.

7) 9월: 연극으로 꾸며보는 여름방학 이야기와 국어과 교육과정 재구성

여름방학을 지나고 온 아이들은 이야기 보따리를 잔뜩 채워서 교실로 돌아온다. 학급에서는 다양한 방법을 통해 아이들이 꾸려온 이야기 보따리를 풀고 서로 나누는 시간을 갖는다. 신문이나 책 만들기도 좋은 방법이지만 연극을 통해 학생들이 경험한 것을 좀 더 생동감있게 나누어보는 것은 어떨까? 학생들과 연극을 함께할 때 가장 고민스러운 부분이 소재를 찾는 것인데, 학생들의 이야기 보따리가 가득 차 있는 9월이 다양한 소재를 쉽게 찾을 수 있는 적기이다. 또한 처음 만났을 때의 어색함이 사라지고 급우들 간에 친밀감이 형성되어 있어 함께 협력해서 연극무대를 꾸미는 등의 모둠활동도 자연스럽게 이루어질 수 있다. 일회성 이벤트처럼 이루어지는 학예발표회의 연극무대가 아니라 국어과 교육과정과 접목한 연극준비는 학생들에게 생생한 배움과 깊은 울림을 줄 수 있을 것이다.

8) 10월: 천고마비의 계절과 독서교육 주제중심 교육과정 재구성

가을이 오면 누구나 독서의 계절이라는 문구를 떠올릴 만큼 가을과 독서는 환상의 조합을 이루는 짝꿍이다. 학생들이 흔히 독서를 기피하는 이유 중 하나가 독서 자체가 아니라 독후감 쓰기와 같은 독후활동 때문인 경우가 많은데, 내가 읽은 책의 내용이 마치 현실에서 일어나고 있는 일처럼 토론의 주제가 된다면 어떨까? 독서의 중요성을 전면에 내세운 독서단원과 연계하여 책의 내용에서 토론의 주제를 찾고, 친구들과 함께 진지하게 토론을 진행하다보면 내가 읽은 책의 내용이 스쳐 지나가는 한 권의 책이 아니라 책에 나온 인물이나 사건이 모두 새로운 시각에서 다가오기 마련이다. 이는 다른 책을 읽을 때도 책의 내용을 수동적으로 스스로 판단하는 태도를 길러주며, 비판적 사고력을 키워줄 수 있는 효과적인 방법이다.

9) 11월: 수학이 즐거워지는 시간, 수학과 교육과정 재구성

아이들에게 어떤 과목이 제일 싫으냐고 한다면 아마도 수학이 다섯 손가락 안에 들 것이다. 그렇다면 반대로 요즘 어떤 것에 가장 열광하느냐고 묻는다면 유튜브가 다섯 손가락 안에 들 것이다. 그렇다면 수학과 교육과정 재구성을 통해, 이 두 가지를 엮어보면 어떨까? 다양한 주제가 콘텐츠가 될 수 있는 유튜브의 특징을 살려, 수학의 특정 내용을 설명하는 콘텐츠를 학생들이 스스로 기획하고 제작하는 방식을 통해 학생들이 스스로 수학에 흥미를 갖고 참여할 수 있는 계기를 만들어주는 것이다. 우리반 학생 중 누군가가 유명 수학 유튜버가 될지도 모르는 일이다!

10) 12월: 축제로 즐기는 세계시민교육 주제중심 교육과정 재구성

12월이 되면 아이들은 신이 난다. 눈이 내리는 겨울, 이젠 너무 친한 친구들과 선생님, 익숙한 교실환경 등 모든 것이 아이들의 마음을 즐겁게 한다. 이런 시기에 한 걸음 더 나아가 세계시민의 일원이 되는 특별한 경험을 해 보는 것은 어떨까? 세계시민이 되기 위한 첫 걸음은 서로의 문화가 다름을 이해하고 타 문화를 수용하는 태도를 갖는 것이다. 그러나 이런 추상적이고 딱딱한 이야기에 아이들이 귀 기울여 줄 리 없다. 세계시민교육을 주제로 한 교육과정 재구성에서 제시하는 방법을 따라 해보자. 세계 여행을 테마로 학생들이 직접 기획하고 운영하는 세계문화축제를 구성하여 하루 만에 세계여행을 다녀오는 특별한 기회를 가져보는 것이다. 즐겁고 떠들썩한 축제를 마치고 온 아이들은 다른 나라의 문화에 대해 다시 한 번 생각해보는 의미있는 기회를 갖게 될 것이다.

Ⅱ

교육과정 재구성의 실제 I
(교과 내 재구성 또는 교과 중심 재구성)

01

국어과: 연극으로 나누는 우리들 이야기

가. 재구성의 필요성
-능동적 참여를 이끄는 연극 수업

연극 단원은 2015 개정 교육과정 총론에서 지향하는 인문학적 소양 교육 강화에 따라 강조된 연극 교육을 반영한 특화 단원이다. 연극 단원은 기존의 전문적인 연극인을 육성하는 형태가 아닌 '연극'이라는 예술 개념의 이해와 인문학적 소양 교육의 일환으로 마련되었다. 이와 같은 맥락에서 극본을 실감나게 읽거나 공연을 준비하는 극본 중심 연극에서 벗어나 학생의 일상경험을 중심으로 연극을 만들어가는 체험 중심 연극으로 재구성하였다. 학생들이 자신과 타인을 이해하고 표현하며 소통하는 활동 중심 과정에 주인공으로 참여하고 배우며 성장하는 이야기를 이끌어 낼 수 있도록 구성하였다.

연극 단원 재구성에 있어서 '나를 제대로 표현해보자. 표현할 때는 소통을 목적으로 표현하자. 실수해도 괜찮아 다시 해보자.' 세 가지 사항을 중점적으로 고려하였다. 재구성된 연극 수업 속에서 학생들이 '함께하니 행복하구나. 우리 반

극본 중심 연극		체험 중심 연극
극본을 어떻게 실감나게 표현할까?	⇨	학생의 경험을 어떻게 표현할까?
극본이 전달하고자 하는 것은 무엇일까?	⇨	학생은 무엇을 전달하고 싶은가?
극본 속 주인공의 감정을 잘 드러내는 방법은 무엇일까?	⇨	학생의 감정을 잘 드러내고 표현하는 방법은 무엇일까?
무대를 어떻게 꾸미지?	⇨	학생의 경험을 드러낼 수 있는 상황은 무엇일까?

은 안전한 곳이고 그것을 위해 나를 어떻게 표현할까?, 내가 이만큼 성장했구나'를 느끼고 고민할 수 있도록 각 활동을 체험·놀이 중심으로 설계하여 학생들의 참여를 이끌어 내고자 하였다.

나. 교육과정 분석

1) 국어과 교육 목표 및 분석

초·중·고 공통 과목인 '국어'는 국어를 정확하고 효과적으로 사용하는 데 필요한 능력과 태도를 기르고, 비판적이고 창의적인 국어 사용을 바탕으로 하여 국어 발전과 국어문화 창달에 이바지하려는 뜻을 세우며, 가치 있는 국어 활동을 통해 바람직한 인성과 공동체 의식의 함양을 목표로 한다. 학습자는 '국어'의 학습을 통해 '국어'가 추구하는 역량인 비판적·창의적 사고 역량, 자료·정보 활용 역량, 의사소통 역량, 공동체·대인 관계 역량, 문화 향유 역량, 자기 성찰·계발 역량을 기를 수 있다.

연극을 만드는 과정에서 학생은 다양한 언어적, 비언어적 표현을 활용하여 생각과 느낌, 경험을 표현하거나 이해하면서 의미를 구성한다. 이러한 과정 속에서 자아와 타인의 관계를 점검·조정하는 의사소통 역량과 공동체 구성원의 다양성을 존중하고 상호 협력하며 관계를 맺고 갈등을 조정하는 공동체·대인 관계 역량을 함양할 수 있는 연극 수업을 설계하였다.

특히 5~6학년군 국어과 목표는 공동체·문화 중심의 확장된 국어 활동을 바탕으로 하여 일상생활과 학습에 필요한 국어 교과의 기초적인 지식과 역량을 갖추고, 국어의 가치와 국어 능력의 중요성을 인식하는 것이다. 연극 속에서 학생들의 감정, 경험, 체험에 집중하여 학생들 이야기를 진솔하게 표현할 수 있는 다양한 활동 설계로 실질적인 국어 능력을 길러 서로 소통하고 공감하는 바람직한 인성과 공동체 의식을 기르는 것에 목표를 두었다.

2) 관련 성취기준 분석

국어과 교육과정은 학년군별, 영역별 목표가 있고 이를 도달할 수 있는 성취기준을 제시하고 있다. 초등학교 5~6학년 문학 영역은 문학의 수용과 생산 활동을 통해 자아를 성찰함으로써 문학이 개인의 성장을 돕는 자양분이 된다는 점을 경험하는 데 중점을 두었다. 본 재구성에서는 학습자의 일상생활을 바탕으로 연극을 만들고 감상하며 자신과 공동체를 이해하고 성장하는 것에 중점을 두었다.

5~6학년 듣기·말하기 영역은 일상생활과 학습에 관여하는 듣기·말하기의 기초 지식을 습득하고 효과적으로 듣기·말하기 활동을 하는 데 중점이 있다. 따라서 재구성을 함에 있어 공동체 중심의 담화 수행 놀이와 체험을 기반으로 듣기와 짜임새 있게 말하기를 연습하고, 연극을 만드는 토의 과정 속에서 듣기·말하기에서 지켜야 할 절차와 규칙, 태도를 학습함으로써 기본적인 의사소통과 관계 형성의 능력을 기르는 데 중점을 두었다.

[6국05-04] 일상생활의 경험을 이야기나 극의 형식으로 표현한다.
[6국05-05] 작품에 대한 이해와 감상을 바탕으로 하여 다른 사람과 적극적으로 소통한다.
[6국01-04] 자료를 정리하여 말할 내용을 체계적으로 구성한다.
[6국01-07] 상대가 처한 상황을 이해하고 공감하며 듣는 태도를 지닌다.

다. 재구성 수업의 설계

1) 교수·학습 계획

초등 6학년 1학기 국어과 교과서 '함께 연극을 만들어요' 단원은 연극 활동과 극본 특성 알기, 낭독극, 경험을 극본으로 나타내기 등의 활동으로 연극을 극본에 따라 연습하고 무대에 올리는 것을 중심으로 구성되어 있다. 학생의 능동적 참여를 위해 일상경험 바탕의 체험 중심 연극으로 관점을 바꾸어 내용을 변경하였다. 성취기준을 바탕으로 다음과 같은 단계에 따라 수업이 이루어지도록 9차시의 내용을 10차시로 재구성하였다.

성취 기준	단계	차시	차시별 학습 활동
[6국01-07] [6국05-04]	느끼기	1	연극이란 무엇인가 생각하기 친구의 감정 표현 느끼기
	느끼기 생각하기	2	연극의 기본이 되는 약속, 전달과 수용 경험하기
	상상하기	3	극본의 특성 알기 감정 전달을 생각하고 드러내기
[6국01-04]	협력하기	4	이야기 장면을 표현하기
[6국05-04] [6국05-05]	판단하기	5	연극할 때와 관람할 때 주의점 알아보기 이야기 장면 감상하기
	상상하기 협력하기	6	일상에서 인상 깊은 경험 찾고 나누기
		7~9	경험으로 이야기 만들기 이야기를 연극으로 만들기
	성찰하기	10	우리 이야기를 연극으로 표현하기 공감하며 연극 감상하기

설계 TIP

2015 교육과정에 연극단원이 특화 단원으로 강조되며 제시되었을 때, 많은 교사들은 '어색하다, 과장된 연극 표현이 어렵다, 준비물이 많을 것이다, 5, 6학년 학생들이 참여할까?, 끼 있는 몇몇 학생들만 참여하는 수업이 될 것이다.' 등의 고민을 토로하였다. 고민들을 살펴보면 모두 교육 연극이 아닌 연극 교육에 대한 고민인 것을 알 수 있었다.

학생들이 즐겁게 부담없이 참여할 수 있도록 1~3차시는 연극이란 무엇인지 그리고 연극의 본질에 대한 질문, 그리고 놀이를 통한 연극 이해 활동을 구성하였다. 4~7차시는 정해진 극본에서 벗어나 자연스러운 감정과 경험한 것을 표현할 수 있도록 상황극 중심의 즉흥 표현으로 활동을 구상하고 5~10차시는 긴 호흡으로 만들고 싶은 이야기를 연극으로 구상하는 과정을 설계하였다.

무엇보다 매 차시 수업 설계에 있어서 다음의 다섯 가지를 담을 수 있도록 하였다.

첫째, 나를 제대로 표현해보자.

둘째, 나를 표현할 때 소통을 생각하며 전달하자.

셋째, 놀이 활동으로 학생들 연극 수업 진입장벽을 낮추자.

넷째, 실수하거나 실패해도 괜찮아. 다시 한번 해보자.

다섯째, 함께 우리의 이야기를 나눴더니 행복하더라.

연극 수업이 부담이 아니고 다른 사람이 쓴 연극이 아닌, 나의 경험을 친구들에게 표현하는 즐거움과 재미를 느낄 수 있도록 하였다.

2) 교수 · 학습 재구성 세부 내용

차시	단계	목표	활동
1	[느끼기] 감정	내가 생각하는 연극이란 무엇인지 설명할 수 있다. 친구의 감정이 담긴 표현을 공감할 수 있다.	▸6학년이 되어서 소감, 느낌, 하고 싶은 일 ▸연극하면 떠오르는 것 - 이야기(=상황+감정) 전달, 공감 ▸내 감정을 맞춰봐 - 상황에 따라 사람에 따라 달라지는 감정
2	[느끼기/ 생각하기] 전달 소통	연극의 기본이 되는 약속과 전달을 익히며 연극의 즐거움을 경험한다.	▸내 감정을 알아줘(전달과 수용의 체험) - 손뼉 전달하기(원으로) - 내 마음을 알아줘: 행동으로 감정 전달하기 - 내 마음을 알아줘 II: 대사로 감정 전달하기 ▸연극의 구성 알기
3	[생각하기/ 상상하기] 표현	극본의 특성을 설명할 수 있다. 가상의 상황과 역할이 설정된 놀이를 통해 표현의 즐거움을 느낀다.	▸극본의 구성 알아보기 - 연극과 극본 이해하기 ▸연극 속 이야기는 전달방법 - 00하는 꽃이 피었습니다. - 00하는 OO꽃이 피었습니다. II
4	[상상하기/ 협력하기] 즉흥 표현1	이야기의 장면을 표현하며 재미를 느낄 수 있다.	▸느낌 표현하기 - 동시 표현하기 ▸이야기를 극본으로 만들기 - 이야기 함께 읽기 - 황금 사과 이야기 극본 만들기
5	[협력하기/ 판단하기] 즉흥 표현2	연극할 때와 관람할 때 주의할 점을 설명할 수 있다. 이야기의 장면을 표현하며 연극과 친해진다.	▸연극을 할 때, 관람할 때 중요한 것 ▸황금사과 이야기 표현하기 ▸내가 연극으로 표현하고 싶은 주제 정하기
6		주제에 따른 자신의 경험을 바탕으로 즉흥극을 만들 수 있다.	▸연극으로 표현하고 싶은 경험과 감정 ▸상황 표현하기 - 00에 갑시다! 좋아요. 갑시다! ▸우리가 하고 싶은 이야기 나누기 I - 주제별 연극팀 구성, 주제 및 등장인물

차시	단계	목표	활동
7	[협력하기] 일상 생활의 경험 즉흥극 만들기		▶ 상황 이어가기 - 그만 일어나시죠?: 반응과 수용으로 이야기 잇기 ▶ 우리가 하고 싶은 이야기 나누기 Ⅱ - 전달하고자 하는 주제 속 감정 - 방해요소 vs 지원요소 - 전개, 발단, 절정, 결말
8		일상경험을 바탕으로 연극을 만들 수 있다.	▶ 경험으로 이야기 만들기 - 감정에 따른 경험 떠올리기 - 내 이야기를 들어줘 ▶ 우리가 하고 싶은 이야기 나누기 Ⅲ - 우리 이야기 극본으로 표현하기
9			▶ 우리들의 이야기 연습하기
10	[판단하기/ 성찰하기] 관람 및 성찰	만든 연극을 표현할 수 있다. 다른 이의 감정을 느끼며 연극을 감상할 수 있다.	▶ 연극 공연하기 - 유의점 중 내가 꼭 지켜야 할 것 두 가지 ▶ 우리들의 이야기 감상 - 우리의 이야기 관람 소감 - 나는 연극 활동을 통해 어떻게 성장했나

라. 재구성 수업의 실제

1차시

#연극 #감정 #이야기

성취기준	[6국01-07] 상대가 처한 상황을 이해하고 공감하며 듣는 태도를 지닌다. [6국05-04] 일상생활의 경험을 이야기나 극의 형식으로 표현한다.

학습목표	내가 생각하는 연극이란 무엇인지 설명할 수 있다. 친구의 감정이 담긴 표현을 듣고 공감할 수 있다.

▌수업의 초점

- 연극하면 떠오르는 단어들을 떠올리며 연극이란 무엇인지, 연극은 어떻게 만들어지는지, 연극이 무엇에 대한 것인지 학생의 눈높이에서 생각해 볼 수 있도록 함.
- 사전적 의미가 아닌 학생들이 가지고 있는 연극에 대한 생각과 경험을 토대로 호기심과 기대감을 끌어내는 것이 중요함.
- 연극은 누군가의 이야기이며 이야기는 상황에 따른 인물들의 감정으로 이루어지고 이를 인물들과 관객들과 나누며 공감을 목적으로 함을 떠올릴 수 있도록 함.

▌활동

우리가 만들어 갈 이야기	'연극'이란?	내 감정을 맞춰봐
• 6학년이 되어서 소감, 느낌, 하고 싶은 일 나누기 - 같은 상황이지만 느끼는 것이 다르고 생각도 다른 우리들 - 1년간 우리는 어떤 이야기를 함께 하게 될까?	• 연극하면 떠오르는 것 - 무대, 연기, 작가, 배우, 소품 등으로 연극의 진짜 목적은 무엇일까? - 이야기(상황+감정) 전달, 공감	• 감정에는 무엇이 있을까? - 상황에 따라 느껴지는 내 감정 - 상황에 따라 다른 우리의 감정 • 서로 공감해 보자

'감정 놀이' 활동 방법	'감정 놀이' 활용
• 4인 모둠추천 • 감정카드를 책상 위에 보이게 놓는다. • 감정카드를 살펴볼 시간을 갖는다. • 교사가 카드 두 개를 선택하여 이야기를 들려주고 학생들에게 이야기 속에서 선생님이 느꼈을 감정을 맞춰보도록 한다. • 모둠 1번부터 돌아가며 카드를 선택하고 다른 학생들은 이야기가 끝나면 1번 친구가 느꼈을 감정을 맞추도록 한다. • 맞춘 카드는 다시 카드 더미에 반납한다.	• 학생들 스스로 감정 놀이 규칙을 만들어 가도록 처음부터 규칙을 많이 만들지 않는다. • 친구의 이야기를 경청하고 친구의 감정을 공감하는 것이 목표이다. • 놀이를 마치고 발문 예시 - 무엇을 느꼈습니까? - 가장 많이 공감한 친구는 누구입니까? - 알게 된 것은 무엇입니까?

2차시

#전달과 수용 #내 마음을 알아줘

성취기준	[6국01-07] 상대가 처한 상황을 이해하고 공감하며 듣는 태도를 지닌다. [6국05-04] 일상생활의 경험을 이야기나 극의 형식으로 표현한다.

학습목표	연극의 기본이 되는 약속과 전달을 표현할 수 있다.

❙ 수업의 초점

- 연극의 기본인 전달과 수용을 체험하는 손뼉 전달하기로 연극을 할 때 대사와 몸짓, 표정 등으로 생각이나 감정을 전달하고 받아들이는 것을 이해할 수 있도록 한다. 전달만큼 중요한 것이 수용임을 알 수 있도록 함
- 감정 표현 놀이를 통해서 몸짓이나 표정 등을 이용하여 자신의 느낌이나 감정을 전달하는 연습을 한다. 놀이의 형식을 빌려 6학년 학생들도 적극적으로 참여할 수 있게 함
- 교실 공간 활용을 통한 무대 만들기. 관점을 조금만 다르게 하면 교실 안에서도 무대 공간 확보 가능

❙ 활동

손뼉 전달하기 (전달과 수용)	내 마음을 알아줘(행동)	내 마음을 알아줘 II (대사)
• 연극에서 감정이나 생각을 전달하는 수단은 무엇일까? - 손뼉=대사, 몸짓, 표정 • 대사, 몸짓, 표정으로 표현할 때 중요한 점 알기 • 전달할 때 중요한 점 알기	• 몸짓, 표정으로 감정 전달하기 놀이하기 - 비언어적인 방법으로 내 감정 표현하기 - 같은 감정이어도 사람마다 표현과 이해 방법이 다름 알기	• 대사로 감정 전달하기 놀이하기 - 말투, 목소리의 높낮이 등을 이용한 감정 전달하기 - 같은 표현이어도 말하는 방법에 따라 달라지는 공감 정도 알기

‘무대 만들기’

- 교실에서 칠판을 바라보며 오른쪽 복도 쪽으로 책상을 돌린다.
- 복도쪽 반대편 창쪽으로 책상과 걸상 등을 옮겨 교실의 절반을 무대로 확보한다.
- 앞의 친구 사이사이로 책걸상을 이동해서 앉아 시야를 확보할 수 있도록 한다.

‘손뼉 치기’ 활동 방법

- 무대를 만들고 넓은 공간에 원형으로 선다.
- 연습 단계로 교사가 오른쪽으로 손뼉을 한번 쳐서 전달하고 옆 학생이 또 오른쪽으로 손뼉을 전달하여 한 바퀴를 돈다.
- 손뼉을 두 번 치면 한 명을 건너 다음 사람이 손뼉을 받아 전달하도록 한다.
- 1단계 규칙: 손뼉은 오른쪽이나 왼쪽 중 원하는 방향으로 손뼉을 치며 전달한다. 손뼉은 한 번이나 두 번 손뼉만 이용할 수 있다.
- 2단계 규칙: 손뼉 세 번 규칙 추가, 손뼉 세 번은 두 사람 건너 손뼉을 전달한다.
- 3단계 규칙: 앞으로 손뼉치면 학급 전체가 위로 점프하기 추가. 앞으로 손뼉친 사람이 다시 손뼉을 전달한다.

‘내 마음을 알아줘’ 활동 방법

- 학급을 4개의 팀으로 나누어 팀별로 한 줄로 선다.
- 맨 뒤 학생은 보드와 마커를 들고 앉는다.
- 각 팀의 맨 앞에 선 학생들이 교사에게 와서 미션 감정을 확인한다. 미션 감정은 1차시 감정 카드를 활용하여 제시한다.
- 말을 하지 않고 동작으로만 미션 감정을 팀 사람에게 한 명씩 전달한다.
- 맨 뒤 학생은 학생들의 동작을 보면서 감정을 맞춘다.
- 교사가 손뼉을 2번 치면 전달하던 사람들이 앉고 보드를 든 학생이 일어난다.
- 미션 감정을 확인하고 보드와 마커를 들었던 학생이 맨 앞으로 오고 한 명씩 자리를 옮긴다. 놀이가 끝날 때마다 한 방향으로 계속 움직여서 모두가 보드에 미션 감정을 쓰는 것을 경험하도록 한다.

‘내 마음을 알아줘 II’ 활동 방법

- 기본적으로 내 마음을 알아줘와 놀이의 진행 방법은 같다.
- 몸짓이나 표정이 아닌 말로 감정을 전달한다.
- ‘가’, ‘괜찮아’, ‘고마워요’, ‘안녕하세요’ 등 간단한 문장을 정하고 말하는 것만으로 미션 감정이 드러나도록 전달한다.

3차시

#극본 #OO하는 꽃이 피었습니다

성취기준	[6국01-07] 상대가 처한 상황을 이해하고 공감하며 듣는 태도를 지닌다. [6국05-04] 일상생활의 경험을 이야기나 극의 형식으로 표현한다.

학습목표	극본의 특성을 설명할 수 있다. 가상의 상황과 역할이 설정된 놀이를 통해 표현할 수 있다.

❙ 수업의 초점

- 다른 형식의 작품들과 다른 연극의 특징과 극본의 구성요소(해설, 대사, 지문) 등 연극의 기초 지식을 알아본다. 교사가 연극의 기초 지식을 설명하기보다 학생 스스로 생각해 볼 수 있도록 안내하는 데 중점이 있음
- '○○하는 꽃이 피었습니다' 놀이를 통해 자신이 표현하고자 하는 바를 관객에게 잘 전달할 수 있도록 연습할 수 있음
- 놀이를 통해 자연스럽게 무대에서 표현하는 경험을 갖도록 하여 능동적으로 참여할 수 있도록 함. 관객 역할을 하는 학생들에게도 놀이 참여 학생이 무엇을 하는지 집중하여 관찰하도록 놀이를 설계하여 모두가 참여하는 수업이 될 수 있도록 함

❙ 활동

연극과 극본 이해하기	OO하는 꽃이 피었습니다.	OO하는 꽃이 피었습니다. II
• 연극과 다른 형식의 작품들이 다른 점 - 유관순 열사에 대한 다양한 형식의 작품(책, 만화, 시, 영화, 연극 등) - 극본 구성요소(해설, 대사, 지문)로 연극에서 전달하고자 하는 것	• 다양한 몸짓 표현하고 살피기 - 미션에 맞는 몸짓 - 즉흥적인 몸짓으로 상황 전달하기 - 나만의 표현 - 무대 위 배우들 자세히 관찰하기	• 감정이 담긴 몸짓 표현하고 살피기 - 감정까지 드러낼 수 있는 방법 생각하기 - 놀이를 통해 알게 된 점 나누기

연극과 극본 이해하기 활동지
1. 연극이 다른 형식의 작품들과 다른 점은 무엇입니까? ____ ____ 2. 극본의 특성을 생각해 봅시다. • 극본은 __________을/를 공연하려고 쓴 글이다. • 극본에서 이야기는 __________, __________, __________ (으)로 나타낸다. • 극본은 인물의 __________과/와 __________을/를 직접 나타낸다. • 극본에서는 대사와 지문으로 인물의 __________을/를 드러낸다. ※ 교과서 6학년 국어 나 180쪽부터 189쪽을 참고할 수 있습니다.

'OO하는 꽃이 피었습니다.' 활동 방법
• 무궁화 꽃이 피었습니다. 놀이와 기본 방법은 같다. • 한 번 놀이할 때 7명 정도씩 참여할 수 있도록 팀을 나눈다. • 술래가 "청소하는 꽃이 피었습니다." 동작을 말하면 나머지 학생들이 해당 동작을 한다. • 이때 실내에서 이루어지는 놀이기 때문에 한 번의 동작에 한 걸음만 움식일 수 있도록 한다. • 술래가 다음 동작을 생각하는 동안 놀이에 참여하지 않는 다른 학생들이 참여 학생을 관찰하고, 동작이 미션 동작과 일치하지 않을 경우 해당 학생을 지명하여 어떤 동작인지 설명을 요구한다. • 자신의 동작이 의미하는 바가 술래가 말한 미션 동작과 같지 않으면 술래에게 가서 손가락을 건다. • 술래가 다른 사람을 잡으면 잡힌 사람이 다음 팀에게 미션 동작을 내는 술래가 된다.

'OO하는 꽃이 피었습니다. II' 활동 방법
• OO하는 꽃이 피었습니다. 놀이와 진행 방법은 같다. • 미션 동작만 '○○하는 꽃이 피었습니다.'에서 '감정+○○하는 꽃이 피었습니다.'로 상황과 동작에 감정을 더해서 술래가 제시하도록 한다. 예 슬퍼하며 청소하는 꽃이 피었습니다. 웃으며 피구하는 꽃이 피었습니다. 무서워하며 수영하는 꽃이 피었습니다. 귀찮아하며 요리하는 꽃이 피었습니다. 분노하며 게임하는 꽃이 피었습니다. 등 • 술래가 미션을 만들기 어려워 할 수 있으므로 모든 학생들이 붙임쪽지에 미션을 적고 술래는 미션이 생각나지 않을 때 미션 붙임쪽지에서 선택하여 놀이를 진행할 수 있다. • 학생들이 잘 볼 수 있도록 무대를 만들고 놀이할 수 있다.

4차시

#동시 #느낌 #이야기와 극본

성취기준	[6국01-04] 자료를 정리하여 말할 내용을 체계적으로 구성한다.

학습목표	이야기의 장면을 말이나 몸짓 등으로 표현할 수 있다.

재구성 의도

- 일상의 경험을 이야기나 극으로 표현하기 전 단계로 동시나 기존의 문학 작품들을 바탕으로 극본을 쓰고 연극을 만들어 보는 차시임
- 학생들에게 친숙한 동시나 이야기(6학년 1학기 1단원과 2단원 활용)를 바탕으로 극본을 만들어 보며 자연스럽게 연극 속 이야기의 구조와 전개 방법을 익힐 수 있도록 함
- 즉흥 놀이를 꾸준히 수업과 연결하여 설계하여 학생들이 무대에서 자신의 이야기를 표현함이 자연스럽도록 함

활동

동시를 연극으로	이야기를 극본으로	황금사과 이야기를 우리 연극으로
• 동시 '봄비'를 연극으로 표현하기 - 봄비의 일부분을 선택하여 짝과 함께 몸짓, 표정으로 표현하기 - 봄비 일부분을 대화로 표현하기	• 이야기 함께 읽기 - 발단, 전개, 절정, 결말에 유의하며 이야기 읽기 - 등장 인물 중 표현하고 싶은 인물 선택 - 실감나게 읽기	• 모둠별 황금사과 연극으로 표현할 부분 정하기 - 선택한 부분 극본으로 바꿔 쓰기 - 연극으로 표현하기

‘동시를 연극으로’ 활동 방법
• 짝과 동시 ‘봄비’ 중에서 표현하고 싶은 ‘연’을 선택한다. • 몸짓이나 표정, 또는 대사로 바꾸어 표현할지 방법을 정한다. • 친구들에게 ‘연’을 표현한 연극을 보여주면 다른 학생들은 시의 어떤 부분인지 맞춘다.

‘이야기를 극본으로’ 소리내어 읽기
• 국어 가 교과서 2단원 이야기를 간추려요. 이야기 속 사건의 흐름을 생각하며 황금사과를 읽는다. • 황금사과를 ‘돌아가며 읽기’ 활동으로 읽는다. 각자 한 문장(한 문장의 기준은 문장부호 ‘.’, ‘!’, ‘?’로 한다.)씩 읽으며 이야기를 다시 떠올리도록 한다. • 등장 인물 중 표현하고 싶은 인물을 선택하여 대사를 실감나게 읽으면 해당 부분에서 느껴지는 감정을 다른 학생들이 찾아낸다.

마. 평가 계획

1) 평가 내용

주제	차시	차시별 학습 활동	평가 유형
나누고 싶은 이야기	1	연극이란 무엇인가 생각하기 친구의 감정 표현 느끼기	• 관찰평가 • 자기평가 • 동료평가
	2	연극의 기본이 되는 약속, 전달과 수용 경험하기	
	3	극본의 특성 알기 감정 전달을 생각하고 드러내기	
	4	이야기 장면을 표현하기	
	5	연극할 때와 관람할 때 주의점 알아보기 이야기 장면 감상하기	
	6	일상에서 인상 깊은 경험 찾고 나누기	
	7~9	경험으로 이야기 만들기 이야기를 연극으로 만들기	
	10	우리 이야기를 연극으로 표현하기 공감하며 연극 감상하기	

2) 평가 기준

차시	수준 / 평가 기준	평가 수준		
		상	중	하
1~3	• 상대가 처한 상황을 이해하고 공감하며 듣는 태도를 지닌다.	상대가 처한 상황을 이해하고 공감하며 듣는 태도가 중요함을 알고 다양한 상황에서 지속적으로 실천한다.	상대가 처한 상황을 이해하고 공감하며 듣는 태도가 중요함을 알고 이를 실천한다.	상대가 처한 상황을 이해하고 공감하며 듣는 태도가 중요함을 알고 일부 상황에서 이를 실천한다.
5~10	• 일상생활의 경험을 이야기나 극의 형식으로 표현한다.	일상적 경험에서 가치를 발견하여 이야기나 극의 형식으로 구조화하여 창의적으로 표현할 수 있다.	일상생활에서 기억에 남는 경험을 이야기나 극의 형식에 담아 표현할 수 있다.	일상생활의 경험을 간단한 이야기나 극의 형식으로 표현할 수 있다.
8~10	• 작품에 대한 이해와 감상을 바탕으로 하여 다른 사람과 적극적으로 소통한다.	다양한 매체를 통해, 작품에 대한 서로 다른 이해와 감상을 다른 사람과 공유하면서 적극적으로 소통할 수 있다.	작품에 대한 서로 다른 이해와 감상을 바탕으로 하여 주변 사람과 적극적으로 소통할 수 있다.	작품을 감상하고 다른 사람과 소통할 수 있다.

02

사회과: 미래를 위해 함께 알아가는 민주주의

가. 재구성의 필요성

– 맥락에 맞는 재구성으로 학습 효과는 up!, 학습 부담은 down!

사회과 하면 교사들은 가르칠 것이 너무 많은 교과, 학생들은 외워야 할 것이 너무 많은 교과로 여겨진다. 교사와 학생에게 모두 부담이 되는 교과인 것이다. 이러한 부담을 해결하기 위해 아주 쉽고 간단한 재구성에 도전해보는 것은 어떨까. 학습 순서를 재배치하는 정도의 재구성만으로도 생각보다 큰 학습 효과를 높일 수 있기 때문이다.

본 재구성 사례는 6학년 1학기 '단원 2. 우리나라의 민주주의 발전'을 대상으로 하였다. 본 단원을 지도한 교사들은 한결같이 본 단원의 각 차시 학습량이 너무 많다고 호소한다. 학생들 또한 암기할 내용이 너무 많은 단원이라고 생각한다. 그러나 본 단원의 전체 맥락을 이해하고 지도 순서를 간단히 재배치하면 교사와 학생들의 부담을 줄이면서도 우리나라 민주주의 발전에 대해 확실하게 이해할 수 있다.

본 단원은 민주주의의 발전과 시민 참여 – 일상생활과 민주주의 – 민주정치의 원리와 국가기관의 역할 순으로 성취기준이 구성되어 있다. 본 재구성은 이를 조정하여 첫 지도 주제로 '민주주의의 기본정신과 민주정치의 원리'를 지도하는 데 주안점을 두었다. 민주주의에 대한 개념을 명확히 하면 민주화 관련 사건이나 국가 각 기관의 역할 등이 민주주의와 어떻게 관련되어 있는가를 확실하게 이해할 수 있기 때문이다.

먼저 단원 곳곳에 흩어져 있는 민주주의의 기본정신과 민주정치의 원리를 정리하여 지도함으로써 학생들이 민주주의의 개념을 명확히 이해하도록 한다. 이를 바탕으로 학생들이 4.19, 5.18, 6월 항쟁 당시 민주주의 기본정신과 민주정치의 원리 중 무엇이 훼손되었으며, 이를 되찾기 위해 시민들은 어떠한 노력을 했는가를 스스로 찾도록 한다. 이렇게 수업을 설계하면 각 사건이 암기의 대상이 아닌 이해와 분석의 대상이 될 것이므로 한 차시 수업이면 충분하다. 이어서 민주 정치의 원리에 의한 각 국가기관의 역할을 학습한다. 각 국가 기관의 역할이 민주정치 원리와 어떻게 연관되어 있는가를 파악하는 것이다. 마지막으로 일상의 일들과 민주주의와의 개연성을 파악하고, 생활 중에 발생하는 문제들을 민주적인 절차를 통해 해결하도록 한다. 즉 재구성을 통해 민주주의의 개념을 먼저 학습하고 이를 토대로 시민들의 민주화 운동과 국가기관의 역할, 민주적 문제해결을 이해, 분석, 적용하는 학습이 되는 것이다.

'교육과정 재구성' 하면 뭔가 전문적인 능력이 필요하다는 생각이 든다. 이러한 부담 때문에 교사들이 교육과정 재구성을 쉽게 포기하는 것 같다. 그렇다면 처음부터 복잡한 재구성보다는 지도 순서를 재배치하는 정도의 재구성에 먼저 도전해보자.

나. 교육과정 분석

1) 사회과 교육 목표 분석

'사회과는 학습자의 성장 발달 정도와 사회·문화적 경험을 고려하여 학교급별로 주안점을 달리한다. 초등학교에서는 학생들이 주변의 사회현상에 대하여 관심과 흥미를 가지며, 생활과 관련된 기본적 지식과 능력을 습득하고, 이를 자신의 주변 환경이나 문제에 적용할 수 있는 적극적인 태도를 길러야 한다.'

초등 사회과의 목표에 비추어 보면 사회과는 사회현상에 관심을 갖고, 관련 지식을 습득하며, 이를 문제에 적용할 수 있게 하는 순서로 지도하게 되어 있다. 그러나 본 재구성 단원의 특성상 민주주의 관련 지식인 민주주의의 기본정신과 민주정치의 원리에 대한 이해를 먼저 학습하는 것이 학습 내용을 이해하는 데 도움이 된다고 생각된다. 또한 민주주의의 관련 지식이 바탕이 될 때 4.19, 5.18, 6월 항쟁 등의 사건과 국가 각 기관의 역할, 일상과 관련된 민주주의 등을 이해하는데 더 효과적이기 때문이다. 따라서 민주주의 관련 기본적인 지식을 먼저 학습하고 이를 바탕으로 민주주의 발전과 관련된 내용을 학습하도록 지도 순서의 재배열이 필요하다고 판단하였다.

2) 관련 성취기준 분석

[6사05-01] 4·19 혁명, 5·18 민주화 운동, 6월 민주 항쟁 등을 통해 자유민주주의가 발전해 온 과정을 파악한다.
[6사05-02] 광복 이후 시민의 정치 참여 활동이 확대되는 과정을 중심으로 오늘날 우리 사회의 발전상을 살펴본다.
[6사05-03] 일상생활에서 경험하는 민주주의 실천 사례를 탐구하여 민주주의의 의미와 중요성을 파악하고, 생활 속에서 민주주의를 실천하는 태도를 기른다.
[6사05-04] 민주적 의사 결정 원리(다수결, 대화와 타협, 소수 의견 존중 등)의 의미와 필요성을 이해하고, 이를 실제 생활 속에서 실천하는 자세를 지닌다.
[6사05-05] 민주정치의 기본원리(국민주권, 권력분립 등)를 이해하고, 그것이 적용된 다양한 사례를 탐구한다.
[6사05-06] 국회, 행정부, 법원의 기능을 이해하고, 그것이 국민 생활에 미치는 영향을 다양한 사례를 통해 탐구한다.

본 단원은 1 민주주의 발전과 시민 참여, 2 일상생활과 민주주의, 3 민주 정치의 원리와 국가기관의 역할인 3개의 소단원으로 구성되어 있고 각 소단원당 2개의 성취기준이 있다. 이를 1 민주주의에 대한 이해, 2 민주주의 발전과 시민 참여, 3 민주 정치 원리의 실행, 4 민주주의의 실천으로 세분화하였고 각 소단원에 맞도록 성취기준을 재배치하였다. 성취기준 [6사05－03]의 경우 두 개의 소단원에 다 배치하였는데 이는 성취기준의 내용 중 일부는 앞쪽 차시에 일부는 뒤쪽 차시에 수업이 이루어질 수 있도록 재구성하였기 때문이다.

재구성한 첫 소단원 '1 민주주의에 대한 이해'에서는 민주주의의 개념을 다룬다. 본 단원의 곳곳에 흩어져 있는 민주주의의 기본정신(인간 존중, 자유, 평등)과 민주 정치의 원리(국민주권, 국민자치, 입헌주의, 권력분립)를 다룸으로써 민주주의가 무엇인지를 이해하도록 하였다.

'2 민주주의 발전과 시민 참여' 단원에서는 민주화를 위한 4.19, 5.18, 6월 항쟁과 광복 이후 시민들의 정치 참여에 대해 다룬다. 소단원 1에서 학습한 민주주의의 기본 정신과 민주 정치의 원리 중 당시 훼손된 것들이 무엇이며 이를 지키기 위한 노력을 알아본다. 더불어 시민들이 더 발전시키고자 했던 민주적 가치에 대해서도 다루고자 했다.

'[3] 민주 정치 원리의 실행' 단원에서는 [1]에서 학습한 민주 정치의 원리가 구체적으로 국회, 행정부, 법원의 기능과 어떻게 관련되어 있는지와 그것이 국민 생활에 미치는 영향을 다양한 사례를 통해 다루고자 했다.

'[4] 민주주의의 실천' 단원에서는 [1]에서 학습한 민주주의의 기본 정신과 민주 정치의 원리가 실생활에서 구체적으로 실천되는 사례를 통해 민주주의의 중요성을 깨닫고 민주주의를 실제 생활 속에서 실천하려는 태도에 대해 다루고자 했다.

3) 성취기준 재배열

소단원	교육과정 성취기준
[1] 민주주의의 발전과 시민참여	[6사05-01]
	[6사05-02]
[2] 일상생활과 민주주의	[6사05-03]
	[6사05-04]
[3] 민주 정치의 원리와 국가 기관의 역할	[6사05-05]
	[6사05-06]

➡

소단원	교육과정 성취기준
[1] 민주주의에 대한 이해	[6사05-03] 일상생활에서 경험하는 민주주의 실천 사례를 탐구하여 민주주의의 의미와 중요성을 파악하고, 생활 속에서 민주주의를 실천하는 태도를 기른다. [6사05-05] 민주정치의 기본원리(국민주권, 권력분립 등)를 이해하고, 그것이 적용된 다양한 사례를 탐구한다.
[2] 민주주의 발전과 시민 참여	[6사05-01] 4·19 혁명, 5·18 민주화 운동, 6월 민주 항쟁 등을 통해 자유민주주의가 발전해 온 과정을 파악한다. [6사05-02] 광복 이후 시민의 정치 참여 활동이 확대되는 과정을 중심으로 오늘날 우리 사회의 발전상을 살펴본다.
[3] 민주정치 원리의 실행	[6사05-06] 국회, 행정부, 법원의 기능을 이해하고, 그것이 국민 생활에 미치는 영향을 다양한 사례를 통해 탐구한다.
[4] 민주주의의 실천	[6사05-04] 민주적 의사 결정 원리(다수결, 대화와 타협, 소수 의견 존중 등)의 의미와 필요성을 이해하고, 이를 실제 생활 속에서 실천하는 자세를 지닌다.
	[6사05-03] 일상생활에서 경험하는 민주주의 실천 사례를 탐구하여 민주주의의 의미와 중요성을 파악하고, 생활 속에서 민주주의를 실천하는 태도를 기른다.

다. 재구성 수업 설계

1) 교수·학습 재구성 세부내용

교과서 구성			
소단원	차시	차시별 학습 활동	변화
민주주의의 발전과 시민 참여	1	단원 학습 내용 예상하기	삭제
	2-3	4·19혁명과 시민들의 노력 알아보기	이동 유지
	4	5·18 민주화 운동의 과정과 의미 알아보기	
	5	6월 민주 항쟁에서 주민들의 민주화 노력 알아보기	
	6	6월 민주 항쟁 이후 민주화 과정 알아보기	
	7-8	오늘날 시민들이 사회 공동의 문제 해결에 참여하는 모습 알아보기	
일상 생활과 민주주의	9-10	생활 속 사례에서 민주주의의 의미와 중요성 알아보기	
	11	생활 속에서 민주주의를 실천하는 태도 갖기	통합
	12	민주적 의사 결정의 원리 알아보기	이동 유지
	13-14	민주적 의사 결정 원리에 따라 문제 해결하기	
민주 정치의 원리와 국가 기관의 역할	15	국민 주권의 의미 알아보기	
	16	국회에서 하는 일 알아보기	
	17	정부에서 하는 일 알아보기	
	18	법원에서 하는 일 알아보기	
	19	국가의 일을 나누어 맡아야 하는 까닭 알아보기	
	20	일상생활에서 민주 정치의 원리가 적용된 사례	
단원정리	21-22	단원 학습 내용 정리 및 사고력 학습	삭제

재구성		
소단원	차시	차시별 학습 활동
민주주의에 대한 이해	1	일상의 그림을 통하여 민주주의의 기본 정신 알아보기
	2	삽화를 해석하여 민주 정치의 원리 알아보기
	3	일상의 사례와 민주주의 기본 정신, 민주 정치 원리 서로 짝 짓기
	4	사건, 사례를 통하여 민주주의의 중요성 이해하기
민주주의 발전과 시민참여	5-6	4· 19혁명과 시민들의 노력 알아보기
	7	5· 18 민주화 운동의 과정과 의미 알아보기
	8	6월 민주 항쟁에서 주민들의 민주화 노력 알아보기
	9	6월 민주 항쟁 이후 민주화 과정 알아보기
민주정치 원리의 실행	10	국회에서 하는 일 알아보기
	11	정부에서 하는 일 알아보기
	12	법원에서 하는 일 알아보기
	13	일상생활에서 민주 정치의 원리가 적용된 사례 알아보기
민주주의의 실천	14-15	오늘날 시민들이 사회 공동의 문제 해결에 참여하는 모습 알아보기
	16	민주적 의사 결정의 원리를 알고 실천하려는 태도 갖기
	17-18	민주적 의사 결정 원리에 따라 문제 해결하기
최종 수행과제	19-22	'우리나라의 정치 발전'을 주제로 학습만화를 제작한다. (A4용지 4쪽 분량, 모둠별로 작성)

2) 수업 흐름의 개요

주제	민주주의에 대한 이해	차시	1-4
• 일상의 그림을 통하여 민주주의의 기본 정신 알아보기 - 풍속화와 삽화를 해석하여 민주주의의 기본 정신 알아보기 • 삽화를 해석하여 민주 정치의 원리 알아보기 - 왕정을 표현하는 그림과 민주주의를 표현하는 그림 읽기를 통하여 민주 정치의 원리 찾기 • 일상의 사례에 해당되는 민주주의의 기본 정신과 민주 정치의 원리 찾아 짝지어 보기 • 사건, 사례를 통하여 민주주의의 중요성 이해하기			

⬇

주제	민주주의의 발전과 시민 참여	차시	5-9
• 4.19 혁명 전 훼손된 민주주의 정신과 민주 정치의 원리를 찾고 이를 되찾기 위해 노력한 점을 찾아 발표해보기 • 5 · 18 민주화 운동의 과정에서 일어났던 일이 민주주의 정신과 민주 정치의 원리 중 어떠한 점을 훼손하였고 어떻게 되찾았는지 찾고 발표하기 • 6월 민주 항쟁에서 주민들이 되찾고자 했던 민주주의 정신과 민주 정치의 원리 알아보기 • 6월 민주 항쟁 이후 민주화 과정을 열거하고 민주주의 발전에 기여한 점을 알아보기			

⬇

주제	민주정치 원리의 실행	차시	10-13
• 신문이나 뉴스에 나온 국회 관련 기사를 통해 국회의 역할을 분석해 보기 • 정부 관련 시사 문제를 파악하여 정부에서 하는 일을 찾아보기 • 모의재판을 통하여 법원에서 하는 일과 재판 절차를 이해하고 법원의 종류를 파악하기 • 일상생활에서 민주 정치의 원리가 적용된 사례를 찾아 어떠한 원리가 적용된 것인지 이해하기			

⬇

주제	민주주의의 실천	차시	14-18
• 시사 문제나 사례를 통하여 오늘날 시민들이 사회 공동의 문제 해결에 참여하는 모습을 알아보기 • 의사결정 경험을 통하여 민주적 의사결정의 의미를 이해하고 그 중요성을 파악하기 • 의사결정이 민주적으로 되지 않았을 경우 어떠한 폐해가 발생하는지를 알고 민주적 의사결정을 실천하고자 하는 태도 갖기 • 사회 이슈가 되는 문제를 선정하여 민주적 의사 결정 원리에 따라 문제를 해결해보기			

최종 수행과제	차시	19-22
'우리나라의 정치 발전'을 주제로 한 학습용 만화를 제작한다. (A4용지 4쪽 분량, 모둠별로 작성)		

라. 재구성 수업의 실제

1차시

#민주주의 기본 정신 #김홍도 '타작'

성취기준	[6사05-03] 일상생활에서 경험하는 민주주의 실천 사례를 탐구하여 민주주의의 의미와 중요성을 파악하고, 생활 속에서 민주주의를 실천하는 태도를 기른다.

학습목표	'사람을 대하는 생각'이 어떻게 바뀌어 민주주의가 이루어진 것인지 설명할 수 있다.

▎수업의 초점

- 민주주의에 대한 개념이 부족한 6학년 학생들에게 먼저 민주주의 기본 정신의 핵심인 '인간 존중'을 이해하는 수업을 계획하였다.
- 민주주의의 핵심은 '모든 인간에 대한 존중'이다. 이렇게 모든 인간에 대한 존중이 이루어지기 전 상황과 이를 극복하고 국민이 주인이 된다는 것이 무엇인지를 그림을 통해 쉽게 이해할 수 있도록 하였다.
- 김홍도의 '타작'이라는 풍속화에 대한 그림 읽기를 통하여 평범한 백성들이 원하던 것이 민주주의와 어떻게 관련된 것인지를 이해하도록 하였다.

▎활동

▣ 그림 읽기(김홍도의 '타작')	
	• 다음 그림은 누구의 어떤 작품인가? • 그림의 인물들은 각기 어떤 일을 하고 있는가? • 인물들의 표정으로 보아 그들의 생각은 어떠할 것 같은가? • 그림의 여러 인물 중 내가 하고 싶은 역할은 어떤 인물인가? 그 이유는 무엇인가?

▣ 그림의 상황 추측해보기
• 그림의 인물들이 하는 일은 어떻게 다르며, 그 이유는 무엇인가? • 수확한 곡식을 누가 많이 가져갈까? 그것을 누가 정할까? • 주인과 하인 중 누가 더 존중받는다고 생각하는가? • 곡식을 적게 가져가는 농부나 하인이 원하는 것은 무엇일까?
▣ 그림의 상황을 통해 민주주의 기본 정신 이해하기
• 농부나 하인들도 곡식을 나누는데 참여하게 되었다면 이제 누구도 주인이라고 할 수 있는가? • 하인도 주인 역할을 할 수 있게 되었다면 사람에 대한 생각이 어떻게 바뀌었기 때문일까? • 하인도 주인처럼 존중해주려면 어떠한 것을 보장해주어야 할까? • '사람을 대하는 생각'이 어떻게 바뀌어 민주주의가 이루어진 것인지 설명해보자.

2차시

#민주정치의 원리 #왕정 #민주정

성취기준	[6사05-05] 민주정치의 기본원리(국민주권, 권력분립 등)를 이해하고, 그것이 적용된 다양한 사례를 탐구한다.

학습목표	민주화 전과 후에 사람들이 누릴 수 있는 것의 차이를 찾을 수 있다.

❙ 수업의 초점

- 민주주의의 기본 정신인 인간존중, 자유, 평등을 이해한 학생들이 이러한 민주주의의 기본 정신을 정치를 통해 실현시키려면 어떠한 원리가 필요한지를 찾도록 재구성하였다.
- 민주주의가 이루어지기 전을 상징하는 그림㉮와 민주화를 이룬 후를 나타내는 그림㉯를 비교하며 민주정치의 원리를 찾도록 수업을 구성하였다.

❙ 활동

▣ 그림 읽기
• 그림㉮에서 그림㉯로 변화되었다면 무엇이 달라졌을까? • 모둠별 토의를 통해 달라진 것 2가지를 포스트잇에 써 보자. • 토의 내용을 확인해보자.
▣ 그림의 상황 추측해보기

• 그림㉮에서 그림㉯로 변화되었다면 무엇이 달라졌을까?
• 모둠별 토의를 통해 달라진 것 2가지를 포스트잇에 써 보자.
• 토의 내용을 확인해보자.
• 그림㉯에 계단이 없어졌다는 것은 무슨 의미인가?
• 누가 주인이 되었는가?
• 주인이 누릴 수 있는 것은 무엇 때문인가?
• 국가의 의사결정권을 누가 갖게 되었는가?
• 국가를 다스리는 사람은 누구인가?
• 그 외에 달라진 것에 대해 알아보자.
  - 무엇을 근거로 국가를 다스릴까?
  - 권한을 한 사람이 가지고 있으면 어떤 일이 벌어질까?

■ 두 그림 자료

㉮

㉯

3차시

#일상에서의 민주주의

성취기준	[6사05-03] 일상생활에서 경험하는 민주주의 실천 사례를 탐구하여 민주주의의 의미와 중요성을 파악하고, 생활 속에서 민주주의를 실천하는 태도를 기른다.

학습목표	제시된 사례와 관련된 민주주의 기본정신이나 민주정치의 원리를 서로 연결 지을 수 있다.

수업의 초점

• 우리 일상의 사례에 담긴 민주주의의 기본 정신과 민주정치의 원리를 생각해보고 서로 연결 지을 수 있도록 재구성하여 우리 생활에서 민주주의의 기본 정신과 민주정치의 원리가 어떻게 실현되고 있는지 이해하도록 하였다.

활동

▣ 사례의 그림과 민주주의의 기본정신, 민주정치의 원리를 연결 짓기

• 사례에 나타난 민주주의의 기본 정신을 알아보자.
• 다음 그림을 보고 민주주의의 기본 정신인 인간 존중, 자유, 평등에 해당되는 것을 찾아 서로 연결지어보자.
• 주어진 그림을 보고 그림에 나타난 민주정치 원리를 써보자.
• 다음 그림을 보고 민주정치의 원리인 국민주권, 국민자치, 입헌주의, 삼권분립에 해당되는 것을 찾아 서로 연결지어보자.

▣ 사례 그림

우리 모두는 인간으로서 소중한 가치를 지니고 있기 때문에 태어날 때부터 존중 받을 권리가 있어요.
체육
미술
음악
기표소
기표소
투표함
국가를 다스리는 법을 만든다.
국회 (입법부)
정부 (행정부)
법원 (사법부)
법에 따라 재판!
정부
법에 따라 국가 살림을 한다.
책은 누구나 똑같이 일주일에 다섯 권씩만 빌릴 수 있어요.
가고 싶은 곳은 어디나 갈 수 있어요.
대한민국 헌법
제1조 제1항
대한민국은 민주공화국이다.
제1조 제2항
대한민국의 주권은 국민에게 있고, 모든 권력은 국민으로부터 나온다.

▣ 1~3차시 학습지

사회학습지 (1-3차시)
단원: 2. 우리나라의 정치 발전

1. 민주주의의 의미

2. 민주주의의 정신과 민주정치 원리

민주주의 정신		민주정치 원리
		1.
		2.
		3.
		4.

3. 다음 그림에 나타난 민주주의 정신과 민주정치 원리를 찾아보자.

사례

①

②

나타난 민주주의 정신 · 원리

사례

③

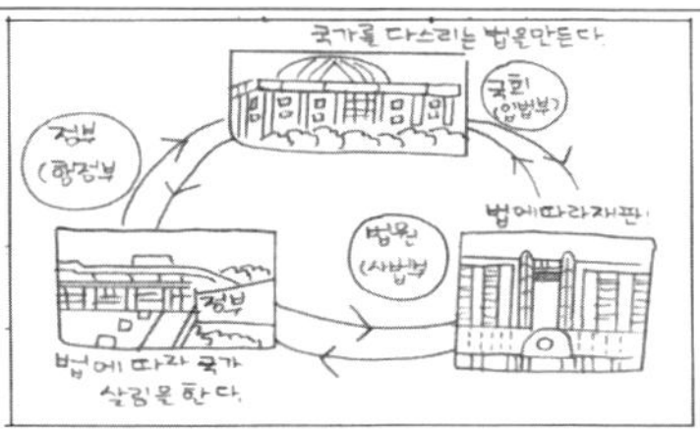

④

나타난 민주주의 정신 · 원리

5~6 연차시

3.15 부정선거 4.19의거

성취기준	[6사05-01] 4·19혁명, 5·18 민주화 운동, 6월 민주 항쟁 등을 통해 자유민주주의가 발전해 온 과정을 파악한다.

학습목표	4.19혁명 당시 훼손된 민주주의의 정신과 민주정치 원리를 찾고 이를 되찾는 과정을 설명할 수 있다.

수업의 초점

- 본 수업의 초점은 선수 학습한 민주주의 기본 정신과 민주 정치의 원리에 비추어 4.19혁명에 대해 분석해 보도록 설계하였다.
- 4.19 혁명에 대한 교과서 자료를 분석하여 당시 훼손된 민주주의 기본 정신과 민주 정치의 원리를 학생들 스스로 찾도록 하였다.
- 이러한 민주주의에 대한 훼손은 국민들에게 어떠한 피해를 가져올 수 있는지 모둠 토의를 통해 생각해 보도록 하였다.
- 훼손된 민주주의 기본 정신과 민주 정치의 원리를 되찾기 위해 노력했던 시민들의 참여 사례와 그 가치를 설명하도록 하였다.

활동

▣ 3.15 부정선거에서 훼손된 민주 정치의 원리 찾기
• 교과서 자료를 분석하여 3.15 부정선거에서 훼손된 민주 정치의 원리를 찾아 포스트잇에 쓰고 모둠별로 발표해보자. • 각 모둠의 발표내용 중 공통적인 내용을 알아보자. • 이러한 민주 정치 원리가 훼손된다면 국민들에게 어떠한 피해를 가져올까? • 민주 정치의 원리가 지켜지는 것이 중요한 이유는 무엇이라고 생각하는가?

▣ 4.19혁명 과정에서 훼손된 민주주의의 기본 정신 찾기
• 교과서 자료를 분석하여 4.19혁명에서 훼손된 민주주의의 기본 정신을 찾아 포스트잇에 쓰고 모둠별로 발표해보자. • 각 모둠의 발표내용 중 공통적인 내용을 알아보자. • 이러한 민주주의 기본 정신이 훼손된다면 국민들에게 어떠한 피해를 가져올까? • 민주주의의 기본 정신이 지켜지는 것이 중요한 이유는 무엇이라고 생각하는가?
▣ 4.19혁명에서 민주주의를 지키기 위한 시민들의 노력 알아보기
• 훼손된 민주주의 기본 정신과 민주 정치의 원리를 되찾기 위해 노력했던 시민들의 참여 사례와 그 가치를 설명해보자.

17~18 연차시

#원자력 발전소 건설 찬반 의견

성취기준	[6사05-04] 민주적 의사 결정 원리(다수결, 대화와 타협, 소수의견 존중 등)의 의미와 필요성을 이해하고, 이를 실제 생활 속에서 실천하는 자세를 지닌다.

학습목표	민주적 의사 결정 원리에 따라 문제를 해결할 수 있다.

❙ 수업의 초점

- 17-18 연차시 수업으로 본 단원의 마지막 주제인 '민주주의의 실천'에 속한 차시로 일상에서 할 수 있는 의사결정 경험을 실제 해볼 수 있도록 구성하였다.
- 17차시의 내용은 주어진 원전건설 찬성 측, 반대 측 의견을 분석하여 각자 합리적으로 의사결정을 해 보는 경험을 갖도록 설계하였다.

❙ 활동

▣ 원전 건설 찬·반 측 근거자료 분석하기
• PPT 내용으로 보아 무엇과 관련된 문제인가? • 의사 결정을 할 문제를 확인해보자. • 원전 건설 찬·반 측 근거 자료를 분석해보자. • 배부한 원전 건설 찬성 측, 반대 측 근거 자료를 확인해보자. • 원전건설의 찬성 측 근거 자료는 어떠한 내용인가? • 원전건설의 반대 측 근거 자료는 어떠한 내용인가?
▣ 원전건설에 대한 개인별 의사 결정하기
• 원전 건설 찬·반 측 근거 자료를 분석하여 그 타당성을 생각해보자. • 분석한 자료를 바탕으로 원전 건설에 대한 개인별 의사 결정을 해 보자. (원전 건설 찬성, 반대, 상호 보완적인 대안 등 다양한 해결책을 결정할 수 있다.)

▣ 원전 건설 찬 · 반측 근거 자료 (요약 내용) - 근거 자료 유인물 학생들에게 제공	
㉮ 찬성 측 근거	㉯ 반대 측 근거
• 원자력 발전의 연료인 우라늄 1g으로 석탄 3톤, 석유 9드럼의 에너지를 내므로 전기값이 싸다. • 원자력 발전은 이산화탄소 배출량이 가장 적어 친환경 에너지이다. • 사고 발생 확률을 줄이는 방법을 동원하면 원자력 발전소는 안전하다. • 원자력 발전은 전기를 안정적으로 공급해줄 수 있다.	• 원자력 발전소보다 다른 발전소 건설이 경제적이다. • 환경 보호에 큰 도움을 주지 않는다. • 방사선이 누출되면 매우 넓은 지역에 방사능에 오염되어 오랫동안 암 환자가 늘고, 기형아가 많이 태어난다. • 원자력 발전의 연료인 우라늄은 80년 후 고갈

17~18 연차시

#민주적 의사 결정

성취기준	[6사05-04] 민주적 의사 결정 원리(다수결, 대화와 타협, 소수의견 존중 등)의 의미와 필요성을 이해하고, 이를 실제 생활 속에서 실천하는 자세를 지닌다.

학습목표	민주적 의사 결정 원리에 따라 문제를 해결할 수 있다.

❙ 수업의 초점

- 18차시는 개인 의사 결정을 바탕으로 대화와 토의를 통하여 모둠의사를 결정하도록 하고 모든 모둠의 의사 결정을 발표한 뒤 각 의견에 대한 평가를 통해 최종의사를 결정해보도록 설계하였다.
- 이러한 과정을 거쳐 의사결정을 해 봄으로써 민주적으로 의사결정을 하려면 어떠한 원리가 필요한지를 학생들 스스로 찾도록 하는 데 주안점을 두었다.

❙ 활동

▣ 모둠 의사 결정하기
• 개인 의사 결정 내용을 모아 모둠(5인1모둠)의 의사 결정을 해보자. • 모둠의 의사 결정 내용을 발표해보자.
▣ 해결책 평가해보기
▣ 해결책을 평가할 기준 작성 • 모둠별 해결책 중 어떠한 해결책이 가장 적합한가를 알아보려면 어떠한 점을 비교해 보아야 하는가? • 이러한 내용을 바탕으로 기준을 알아보자. (유인물에서 확인) ▣ 해결책 평가 • 해결책 평가지에 모둠별 해결책을 쓰고 각 해결책에 대한 평가를 해보자.

▣ 최종 의사 결정하기 및 민주적 의사 결정 방법 생각해보기
▣ 원전 건설에 대한 최종 의사 결정 • 가장 점수가 높은 해결책에 포스트잇을 붙여 최종 의사 결정을 해보자. ▣ 원전 건설 의사 결정을 통해 알게 된 민주적 의사 결정법 • 문제 해결에 참여하여 자신의 의견을 제시하고 대화와 토론으로 의견 차이를 좁혀가기 • 다른 사람의 생각과 의견을 인정하고 존중하는 관용의 태도로 대하기 • 상대방에게 배려하고 서로 협력하는 양보와 타협의 자세로 참여하기 • 다수결로 문제를 해결하지만 소수 의견도 존중하기

■ **원전 건설 찬·반 측 근거 자료 (교사가 작성하여 배부)**

원전 건설 찬·반 측 근거 자료		
기준	찬성 측 근거 자료	반대 측 근거 자료
① 경제성	• 원자력 발전의 연료인 우라늄 1g으로 석탄 3톤, 석유 9드럼의 에너지를 내므로 전기값이 싸다. • 원자력 발전의 연료인 우라늄 가격이 싸서 우라늄 가격이 올라도 전기값이 크게 올라가지 않는다. • 원전을 다른 나라에 지어주는 수출로 외화도 벌 수가 있다.	• 원자력 발전소는 건설비가 비싸고 지반이 단단하고, 물이 많은 장소에만 지을 수 있어서 원자력 발전소보다 다른 발전소 건설이 경제적이다.
② 친 환경성	• 원자력 발전은 이산화탄소 배출량이 가장 적어 친환경 에너지이다. (g/kwh) 원자력10, 석탄991, 석유 782, 천연가스 549.	• 원자력 발전의 연료인 우라늄의 채굴·제련·운송, 원전 건설, 핵폐기물 처분 등 전 과정을 포함한다면 원자력이 화력이나 수력보다 환경 보호에 큰 도움을 주지 않는다.
③ 안전성	• 지진과 쓰나미 등 자연재해에 대한 대비를 강화하고, 안전 기준을 새롭게 세우고, 사고 발생 확률을 줄이는 방법을 동원하면 원자력 발전소는 안전하다.	• 방사선이 누출되면 매우 넓은 지역에 방사능에 오염되어 오랫동안 암 환자가 늘고, 기형아가 많이 태어난다. • 방사선 폐기물은 200년 이상 안전하게 보관해야 하므로 방사선 누출의 위험성이 항상 있다. • 세계 여러 나라가 점차 원전건설을 줄이려고 노력한다.
④ 지속성	• 풍력, 태양력, 조력 등은 상황에 따라 전기 생산이 불규칙하나 원자력 발전은 전기를 안정적으로 공급해줄 수 있다.	• 원자력 발전의 연료인 우라늄은 80년 후 고갈되므로 신재생에너지 개발에 투자하는 것이 더 낫다.
〈원자력 발전에 대한 자신의 의사결정〉 위 자료를 분석하여 원전 건설에 대한 찬, 반, 타협안 중 자신의 의사 결정 내용을 포스트잇에 쓰세요.		포스트잇

▣ 모둠 활동지, 해결책 평가지

(모둠 의사결정 학습지 B4)

1. 개인 의사 결정을 모아 토의를 통하여 의사 결정을 해보자.

모둠 이름	학생 이름				
	포스트잇				

2. 원자력 발전소 건설에 대한 모둠 의사결정 내용을 써 보자.

모둠 의사결정 내용 기록

해결책 평가지 (A4/2)

단원: 2. 우리나라의 정치 발전 6-( ) 이름 ( )

평가기준 / 해결책	①	②	③	④	점수 합계
㉮					
㉯					
㉰					
㉱					

매우 그렇다	그렇다	중간이다	그렇지 않다	매우 그렇지 않다	포스트잇
5	4	3	2	1	
원자력 발전소 건설에 대한 최종 의사 결정					

마. 평가 계획

1) 평가 방법

평가 계획 수립 시 먼저 최종 수행과제 문항을 작성한다. 이 최종 수행과제는 각 차시별 평가 결과를 종합하여 해결할 수 있는 문항으로 작성하고 문항과 평가 기준 등을 학생들에게 미리 안내한다. 최종 수행과제는 과제의 특성에 따라 학생별 평가와 모둠별 평가를 겸하여 할 수 있다.

교사는 각 차시별 평가를 실시하고 차시별 평가에 대한 피드백을 지속적으로 실시하여 학생들의 성취수준을 높이도록 한다. 단원 학습이 끝나면 각 차시별 평가 결과물을 종합하여 최종 수행과제를 해결하도록 한다.

2) 차시별 평가 계획

주제	차시	차시별 학습 활동	평가 유형
민주주의에 대한 이해	1	일상의 그림을 통하여 민주주의의 기본 정신 알아보기	토의토론 구술발표 관찰평가
	2	삽화를 해석하여 민주 정치의 원리 알아보기	
	3	일상의 사례와 민주주의 기본 정신, 민주 정치 원리 서로 짝짓기	
	4	사건, 사례를 통하여 민주주의의 중요성 이해하기	
민주주의 발전과 시민 참여	5-6	4 · 19혁명과 시민들의 노력 알아보기	토론토의 구술발표 관찰평가
	7	5 · 18 민주화 운동의 과정과 의미 알아보기	
	8	6월 민주 항쟁에서 주민들의 민주화 노력 알아보기	
	9	6월 민주 항쟁 이후 민주화 과정 알아보기	
민주정치 원리의 실행	10	국회에서 하는 일 알아보기	조사기록 구술발표
	11	정부에서 하는 일 알아보기	
	12	법원에서 하는 일 알아보기	
	13	일상생활에서 민주 정치의 원리가 적용된 사례 알아보기	사례조사

민주주의의 실천	14-15	오늘날 시민들이 사회 공동의 문제 해결에 참여하는 모습 알아보기	사례조사
	16	민주적 의사 결정의 원리를 알고 실천하려는 태도 갖기	관찰평가
	17-18	민주적 의사 결정 원리에 따라 문제 해결하기	토의토론 구술발표 관찰평가
최종 수행과제	19-22	'우리나라의 정치 발전'을 주제로 학습만화를 제작한다. (A4용지 4쪽 분량, 모둠별로 작성)	관찰평가 보고서 자기평가 상호평가

3) 최종(19~22차시) 수행과제 예시

최종 수행과제	'우리나라의 정치 발전'을 주제로 학습만화를 제작한다.
평가 관련 성취기준	[6사05-01] 4·19 혁명, 5·18 민주화 운동, 6월 민주 항쟁 등을 통해 자유민주주의가 발전해 온 과정을 파악한다. [6사05-02] 광복 이후 시민의 정치 참여 활동이 확대되는 과정을 중심으로 오늘날 우리 사회의 발전상을 살펴본다. [6사05-03] 일상생활에서 경험하는 민주주의 실천 사례를 탐구하여 민주주의의 의미와 중요성을 파악하고, 생활 속에서 민주주의를 실천하는 태도를 기른다. [6사05-04] 민주적 의사 결정 원리(다수결, 대화와 타협, 소수 의견 존중 등)의 의미와 필요성을 이해하고, 이를 실제 생활 속에서 실천하는 자세를 지닌다. [6사05-05] 민주정치의 기본원리(국민주권, 권력분립 등)를 이해하고, 그것이 적용된 다양한 사례를 탐구한다. [6사05-06] 국회, 행정부, 법원의 기능을 이해하고, 그것이 국민 생활에 미치는 영향을 다양한 사례를 통해 탐구한다.
평가 내용	• 민주주의의 기본 정신, 민주정치의 원리, 민주주의가 발전해 온 역사적 과정과 시민의 정치 참여, 주요 국가기관의 역할, 민주적 의사결정 사례 등을 이해한 학습 결과물 (개인별-관찰평가, 보고서) • '우리나라의 정치 발전'을 주제로 학습만화를 제작한다. (A4용지 4쪽 분량, 모둠별로 작성)

• 단원 평가 안내문

만화 속에 사회 공부가 쑥쑥!!

• 앞으로 우리는 '우리나라의 정치 발전'에 대하여 공부합니다. 각 시간마다 학습한 결과물을 작성하고 그 결과물을 종합하여 '우리나라의 정치 발전'을 주제로 학습만화를 제작할 것입니다. 관심을 갖고 참여해주시기 바랍니다.

• 단원: 6학년 1학기 사회과 단원 2. 우리나라의 정치 발전
• 차시별 수행과제 평가: 각 수업 시간에 활동한 결과물 평가 (개별)
• 최종 수행과제 평가: '우리나라의 정치 발전'을 주제로 학습만화 제작 (모둠)
• 과제 수행 안내
  - 우리는 생활 속의 민주주의 사례를 통해 민주주의의 기본 정신과 민주정치의 원리를 이해하고 민주주의가 발전해 온 역사적 과정과 시민의 정치 참여 과정을 알아볼 것입니다.
  - 아울러 민주주의의 기본 원리에 대한 이해를 바탕으로 하여 국회, 행정부, 법원 등 주요 국가기관의 역할을 탐구하고 민주적 의사결정 원리에 맞는 의사결정 과정을 경험해 볼 것입니다.
  - 단원 학습이 끝난 뒤 모둠별로 우리가 학습한 '우리나라의 정치 발전'을 주제로 학습만화를 제작해야 합니다.
  - 만화의 내용 안에는 다음 내용이 포함되어야 합니다.
    • 민주주의의 의미(민주주의의 기본 정신, 민주정치의 원리)
    • 민주주의가 발전해 온 역사적 과정과 시민의 정치 참여 과정
    • 국회, 행정부, 법원 등 주요 국가기관의 역할
    • 일상에서 민주적 의사결정 사례

  - 위 내용의 만화는 A4용지 4장 분량이며 모둠별로 제작합니다.

• 평가 기준

소단원	배점	평가 기준		
		3	2	1
민주주의에 대한 이해	3	민주주의의 기본 정신과 민주정치의 원리를 이해하고 각각의 사례를 제시할 수 있다.	민주주의의 기본 정신과 민주정치의 원리를 이해하고 사례를 제시할 수 있다.	민주주의의 기본 정신과 민주정치의 원리를 이해한다.
		3	2	1
민주주의의 발전과 시민 참여	3	4.19 혁명, 5.18 민주화 운동, 6월 민주 항쟁의 원인, 과정, 결과에 대한 이해를 통해 자유민주적 기본질서가 정착하는 과정을 이해한다.	4.19 혁명, 5.18 민주화 운동, 6월 민주 항쟁의 원인, 과정, 결과에 대해 이해한다.	4.19 혁명, 5.18 민주화 운동, 6월 민주항쟁에 대한 대략적인 내용을 이해한다.
		3	2	1
민주정치 원리의 실행	3	민주주의의 기본 원리에 대한 이해를 바탕으로 하여 국회, 행정부, 법원 등 주요 국가기관의 역할을 이해한다.	국회, 행정부, 법원 등 주요 국가기관의 역할을 이해한다.	국회, 행정부, 법원 등 주요 국가기관의 역할을 구분한다.
		3	2	1
민주주의의 실천	3	민주주의의 중요성을 알고 실천하려 하며 민주적 절차에 맞게 문제를 해결할 수 있다.	민주주의의 중요성과 민주적 의사결정 절차를 이해한다.	민주주의의 중요성이나 민주적 의사결정 절차를 이해한다.

• 최종 수행과제 사례

〈참고자료〉

- 2015 개정 교육과정
- 각 학년 교사용 지도서
- 학생의 성장과 발달을 위한 과정중심 수행평가, 서울시교육연수원 2018
- 초등학교 교육과정 재구성의 노하우, 교육과학사
- EBS 다큐프라임

03

수학과: '수학크리에이터 되기' 프로젝트

가. 재구성의 필요성
-즐겁고 유익한 수학의 참맛을 느끼며

수학은 우리의 삶과 가장 깊이 관련된 교과이다. 그럼에도 불구하고 학년이 올라갈수록 학생들의 수학에 대한 선호도는 떨어지고 수포자라는 말이 생길 정도로 학생들에게 수학은 어렵고 싫은 교과가 되고 있다. 하지만, 수학을 지도하는 교사로서 학생들에게 수학은 어렵기만 한 교과가 아니라 그 속에 재미와 흥미가 있고, 더 나아가 생각을 키우고 삶을 생각할 수 있는 즐겁고 유익한 교과라는 것을 경험시켜 주고자 계획한 것이 수학과 크리에이터와의 접목이었다.

크리에이터는 요즘 학생들의 희망직업 1위로 떠오를 만큼 관심이 매우 높다. 따라서 학생들의 관심이 높은 크리에이터와 수학을 접목시켜 수학활동을 한다면 수학을 학습하는 데 보다 즐겁게 참여할 수 있을 것이라는 기대 속에 수업을 디자인하였다.

수학크리에이터 되기 수업으로 '규칙과 대응'을 선정하였다. '규칙과 대응'은 연산능력이 요구되지만 그리 복잡하지 않고, 학생들이 자신의 생각을 표현하기 쉬운 단원이다. 재구성 방법은 '규칙과 대응' 단원을 중심으로 국어과와 미술과를 연계하였으며, 수학크리에이터 되기'라는 주제로 프로젝트 수업을 계획하였다.

학생들에게 여러 상황을 제시한 후 그 속에 담긴 대응관계와 규칙성을 찾아내어 식으로 표현하는 것을 중심활동으로 하되(수학과), 이것을 영상으로 제작·발표하게 함으로써 활동에 대한 참여도와 흥미도를 극대화 하고자 하였으며(국어과), 영상 제작 과정 중 다양한 자료를 미적 감각을 살려 구체화시킬 수 있도록 전개하였다(미술과).

나. 교육과정 분석

수학과 교육 목표는 수학의 개념, 원리, 법칙을 이해하고 기능을 습득하며 수학적으로 추론하고 의사소통하는 능력을 길러, 생활 주변과 사회 및 자연 현상을 수학적으로 이해하고 문제를 합리적이고 창의적으로 해결하며, 수학 학습자로서 바람직한 태도와 실천 능력을 기르는 것이다.

1) 관련 교과 교육 목표 분석

	교과 목표	목표 이해
수학과	(1) 생활 주변 현상을 수학적으로 관찰하고 표현하는 경험을 통하여 수학의 기초적인 개념, 원리, 법칙을 이해하고 수학의 기능을 습득한다. (2) 수학적으로 추론하고 의사소통하며, 창의 · 융합적 사고와 정보 처리 능력을 바탕으로 생활 주변 현상을 수학적으로 이해하고 문제를 합리적이고 창의적으로 해결한다. (3) 수학 학습의 즐거움을 느끼고 수학의 유용성을 인식하며 수학 학습자로서 바람직한 태도와 실천 능력을 기른다.	수학은 계산 위주가 아닌 원리, 추론, 의사소통, 창의성이 강조되는 교과임을 기억해야 한다. 주어진 상황에서 새롭게 생각하고 창의적으로 해결하려는 노력을 보이며 다양한 의사소통의 방법을 사용하는 미래의 인재양성에 수학이 활용되어야 함을 나타낸다. 수학은 괴로운 것이 아니라 즐거움으로 인식하는 것이 수학의 목표라면 교사도 수학에 대한 새로운 접근과 수업 디자인이 필요한 시기라고 하겠다.
국어과	가. 다양한 유형의 담화, 글, 작품을 정확하고 비판적으로 이해하고 효과적이고 창의적으로 표현하며 소통하는 데 필요한 기능을 익힌다.	자신의 생각과 느낌을 다양한 방법으로 창의적으로 표현하여 의사소통의 능력을 키우도록 교사가 학생들에게 도움을 주는 것이 필요하다.
미술과	(2) 주제를 다양한 방식으로 탐색하고 자유롭게 작품을 제작하는 능력을 기른다.	미술에서 표현의 방법을 그림만이 아닌 다양한 방법으로 자유로우며 창의적으로 표현하도록 돕는 것이 교사의 역할이라고 할 수 있다.

2) 관련 성취기준 분석

수학의 규칙과 대응 단원이 프로젝트의 중심이 된다. 수학의 성취기준의 달성을 위해 다양한 상황을 제시하고 참여도와 표현력을 높이는 프로젝트수업으로 구성하기 위해 국어의 말하기 영역의 성취기준과 미술과의 표현영역의 성취기준을 접목하여 수업을 재구성하였다.

이 수업의 성취기준은 대응관계에서 규칙을 찾고 식으로 나타내는 것이 중심으로 논리적인 사고를 필요로 한다. 여러 상황의 대응관계를 보고 규칙성을 찾아내어 식으로 표현하는 수업이다(수학과). 이것을 좀 더 구체적이고 흥미 있게 설명하는 동영상 제작을 통해 표현력을 극대화시키려 한다(국어과). 이때 다양한 자료를 활용하여 자신의 아이디어를 구체화시키는 작품을 완성하게 한다(미술과).

교과	성취기준
수학	[6수04-01] 한 양이 변할 때 다른 양이 그에 종속하여 변하는 대응 관계를 나타낸 표에서 규칙을 찾아 설명하고, □, △ 등을 사용하여 식으로 나타낼 수 있다.
국어	[6국01-05] 매체 자료를 활용하여 내용을 효과적으로 발표한다.
미술	[6미02-03] 다양한 자료를 활용하여 아이디어와 관련된 표현 내용을 구체화할 수 있다.

3) 수업 흐름의 개요

주제	기본 지식 익히기(개념정립)	차시	1-3

- 대응과 규칙 개념 이해하기
  - 주요단어에 대한 학습(개인-모둠) 후 발표하기
  - 교과서의 문제 풀이(개인) 모둠별로 답 맞추기-틀린 문제 수정하기
  - 대응과 규칙에 관한 다양한 문제 해결하기
  - 지필평가하기

⬇

주제	규칙과 대응문제 만들기(내면화)	차시	4-5

- 대응과 규칙에 관한 다양한 문제 만들기(개인)
  - 문제 제공하고 문제 해설하기(모둠원에게)
- 좋은 수학크리에이터 찾기(태블릿pc를 활용하여 기존 수학크리에이터와 장단점을 찾아 서로 공유하기

⬇

주제	수학크리에이터 되기(표현하기)	차시	6-9
• 대응과 규칙 동영상 스토리보드 작성하기 • 대응과 규칙 동영상 제작하기 • 대응과 규칙 동영상에서 오류 찾고 수정하기 • 수학크리에이터 영화제			

⬇

총괄 수행 평가	차시	10
수학크리에이터가 되어 '규칙과 대응'을 표현하는 동영상을 제작해 보자.		

다. 재구성 수업의 설계

1) 교수·학습 계획

'수학크리에이터 되기' 프로젝트는 크게 3단계로 구성되었다.

1단계는 '대응과 규칙'에 대한 이해활동으로 교과서나 생활 속에서 대응과 규칙을 찾아보고 문제를 풀어보면서 기본적인 지식을 쌓은 단계이다. 2단계는 1단계에서 익힌 기본지식을 적용하여 생활 속의 상황을 문제로 만들고 서로 해결하며 '대응과 규칙'에 대해 깊이 있는 이해를 높이는 단계이다. 이 과정에서 학생들은 규칙과 대응에 맞는 여러 가지 문제를 만들고 친구들에게 설명하면서 수학크리에이터의 기본을 갖추게 된다. 3단계는 1~2단계에서 익힌 개념을 다른 사람에게 알리는 영상 제작 단계이다. '영상 만들기' 활동을 통해 학생들은 자신이 알고 있는 수학적 지식을 다른 사람에게 어떻게 효과적으로 표현할 것인가를 고민하며 여러 번의 시행착오를 거쳐 본 프로젝트를 완성하게 된다. 이를 간단히 도식화하면 다음과 같다.

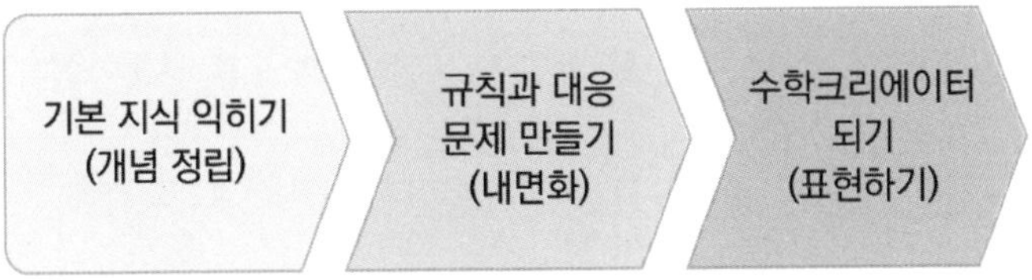

설계 TIP

수학크리에이터가 되기 위해서는 기본 수학지식의 습득이 매우 중요하다. 단원의 프로젝트 수행 과제를 첫 시간에 학생들이 인지하고 그것을 수행하기 위한 수업으로 전개가 된다. 1단계, 2단계의 지식을 바탕으로 영상을 만들기 위한 계획을 하고 어떻게 표현하면 좋을지 방법을 의논하고 그것을 바탕으로 영상을 만들어 발표한다.

2) 교수·학습 재구성 세부 내용

기존(교과서 차시계획)	
차시	차시별 학습 활동
1	단원 학습 내용 예상하기
2-3	두 양 사이의 관계 알아보기
4	대응관계를 식으로 나타내기
5	생활 속에서 대응관계 찾아 식으로 나타내기
6	대응관계를 탐구하고 비교하기
7	배운 내용 정리하기
8	탐구수학(로봇의 규칙 알아보기)

⬇

주제	차시	차시별 학습 활동
대응과 규칙 익히기	1	대응과 규칙 개념 이해하기
	2-3	대응과 규칙에 관한 다양한 문제 해결하기
문제 만들기	4	대응과 규칙에 관한 다양한 문제 만들기
	5	좋은 수학크리에이터 찾기
수학 크리에이터 되기	6	대응과 규칙 동영상 스토리보드 작성하기
	7-8	대응과 규칙 동영상 제작하기
	9	대응과 규칙 동영상에서 오류 찾고 수정하기
	10	수학크리에이터 영화제

라. 재구성 수업의 사례

1차시

#대응과 규칙 개념

성취기준	[6수04-01] 한 양이 변할 때 다른 양이 그에 종속하여 변하는 대응 관계를 나타낸 표에서 규칙을 찾아 설명하고, □, △ 등을 사용하여 식으로 나타낼 수 있다.

학습목표	대응과 규칙의 개념을 말할 수 있다.

❙ 수업의 초점

- 수학 프로젝트 첫 시간이다. 학생들이 해야 할 큰 수행과제를 인지하고 관심을 갖고 프로젝트에 참여하게 하는 것이 가장 중요하다. 수학이 어렵고 싫은 교과가 아니라 접근방법에 따라 얼마든지 즐거운 수업이라는 인식을 갖게 하고자 한다.

❙ 활동

중심단어 찾기 (개인 → 모둠)	단어의 뜻 익히기(모둠별)	단어의 뜻 발표하기
• 대응과 규칙에서 꼭 알아야 할 단어 찾기 (개별) (대응, 규칙, 양, 대응관계, 표, 식...) • 찾은 단어의 뜻을 교과서를 통해 유추해보기	• 각자 생각한 단어를 모둠에서 서로 이야기하면서 공유하기 • 모둠토의를 거쳐 주요 단어의 뜻을 공유한다.	• 주요 단어를 친구들에게 설명하기 • 가장 쉽게 설명한 모둠은 누구인지 찾기 • 가장 중요한 단어부터 하나씩 설명하게 한다. • 대응, 규칙, 대응관계

수업 후 이야기
'크리에이터가 되자'라는 미션을 학생들이 매우 즐거워했다. 벌써 여러 가지 영상을 유튜브에 올린 아이도 몇 명 있었다. 크리에이터에 대한 관심이 생각보다 훨씬 반응이 컸다. 수학크리에이터가 되기 위해 무엇을 해야 할 것인지 질문했다. 학생들은 "영상을 잘 만들어야 해요. 재미있어야 해요." 등 자신들의 인터넷동영상 감상을 중심으로 이야기했다. 우린 수학크리에이터가 되어야 한다고 하면서 더 먼저 생각해야 할 것을 질문하였다. 학생들은 "수학을 잘 해야 해요. 규칙과 대응의 설명을 잘해야 해요."란 대답을 했다. 그 대답은 수학을 열심히 공부해야 하는 이유가 되었다. 첫 미션으로 제시한 규칙과 대응의 주요 낱말의 뜻 찾기를 열심히 했다. 학생들의 집중도가 매우 큰 수업이었다. 

2~3차시

#대응과 규칙 문제 풀이

성취기준	[6수04-01] 한 양이 변할 때 다른 양이 그에 종속하여 변하는 대응관계를 나타낸 표에서 규칙을 찾아 설명하고, □, △ 등을 사용하여 식으로 나타낼 수 있다.

학습목표	대응관계에 대한 다양한 문제를 해결할 수 있다.

❙ 수업의 초점

- 지난 시간에 익힌 주요 단어의 개념을 바탕으로 문제를 풀어 보는 시간을 갖는다. 그림 보고 대응관계 찾기, 규칙 찾기, 표를 보고 식으로 만들기 등 관련된 문제를 풀어 보면서 대응과 규칙의 단원을 학습한다.

❙ 활동

대응과 규칙의 문제 유형 살피기	교과서 문제 해결하기	피드백
• 1유형: 그림을 보고 대응관계 찾기(배열의 순서 중심으로) • 2유형: 표를 보고 대응관계 찾기(식으로 표시) • 3유형: 대응하는 숫자를 보고 대응관계 찾기(식으로 표시)	• 교과서 문제를 해결해 보자.(개별) • 개별로 해결하고 모둠끼리 답을 맞추어 본다.	• 교과서 문제가 해결된 학생은 심화문제를 해결한다.(별도의 시험지를 배부한다.) • 교과서 문제가 해결되지 않은 학생은 교사의 개별지도를 받는다.

수업 후 이야기
수학의 개념을 익힌 후 문제풀이의 시간을 가졌다. 자기주도적으로 문제풀이를 하고 서로 답을 맞추며 학습하는 시간을 가졌다. 학생들의 수준이 많이 차이가 나서 개별학습으로 수업을 진행했다. 교과서의 기본 문제를 해결한 학생에게는 심화문제를 제시하였다. 친구 가르치기로 문제해결을 하기도 하고 교사의 피드백을 통해 문제를 해결하는 시간을 가졌다. 재미없는 수학문제풀이가 다음 활동에 필요하다고 인식을 해서인지 매우 진지하게 문제풀이를 하는 시간을 가졌다.

4차시

#대응과 규칙 문제 만들기

성취기준	[6수04-01] 한 양이 변할 때 다른 양이 그에 종속하여 변하는 대응 관계를 나타낸 표에서 규칙을 찾아 설명하고, □, △ 등을 사용하여 식으로 나타낼 수 있다.

학습목표	대응관계에 대한 다양한 문제를 만들고 풀이과정을 설명할 수 있다.

❙ 수업의 초점

- 대응관계를 나타내는 여러 가지 문제를 만들어 보고 어떻게 해결하는지 풀이과정을 설명하는 시간을 갖는다. 지난 시간에 익힌 대응규칙의 관계를 생각하고 책의 문제를 참고로 해서 문제를 만들어 보고 그것을 모둠친구들에게 설명하는 과정을 거쳐 기본 지식의 내면화를 이루게 된다. 이것은 ucc 스토리보드 작성의 준비과정이 된다. 어떤 것을 설명한다는 것은 지식을 표현하는 가장 효과적인 방법이다. 설명하는 과정은 지식의 내면화를 이루는 자기주도적 학습의 방법이다.

❙ 활동

문제 만들기(개별)	풀이과정 설명하기(모둠)	설명하는 방법 찾기(전체)
• 자신이 하고 싶은 유형의 문제를 만든다. • 문제의 개수를 정하는 것이 아니라 정해진 시간 동안 문제를 만들기	• 내가 만든 문제를 골라 모둠원이 돌아가면서 설명하기 • 설명하는 것을 듣는 사람은 어떤 질문을 할 것인지 생각하여 질문하기	• 모둠활동에서 어떤 어려움이 있었는지 이야기하기 • 문제풀이의 방법 공유하기

수업 후 이야기
수학 문제를 만들어 본다는 것은 좀 어려운 개념이다. 주어진 문제를 해결하는 것에만 익숙한 학생들에게 자신이 문제를 만들고 모둠원에게 제시한 다음 어떻게 해결하는 것인지 효과적으로 설명하는 과정을 학생들은 즐거워하면서도 조금 어려워했다. 친구들의 설명이 잘 안 될 때는 모둠원들이 서로 도와주는 모습이 감동이었다. 각자 내가 주인공이 되어 나의 이야기를 표현하는 기회를 주었고 이것은 다음 시간의 스토리 보드작성에도 도움이 되는 시간이었다. 

5차시

#대응과 규칙 #수학크리에이터 찾기

성취기준	[6수04-01] 한 양이 변할 때 다른 양이 그에 종속하여 변하는 대응 관계를 나타낸 표에서 규칙을 찾아 설명하고, □, △ 등을 사용하여 식으로 나타낼 수 있다. [6국01-05] 매체 자료를 활용하여 내용을 효과적으로 발표한다.

학습목표	쉽고 재미있게 표현한 영상을 찾아 공유할 수 있다.

수업의 초점

- 요즘 학생들은 크리에이터에 관심이 많다. 이번 수업의 주제인 수학크리에이터에 맞게 좋은 크리에이터 찾는 활동을 한다. 이전에 재미있는 동영상에 관심이 많았다면 제작자의 관점에서 의미가 있고 도움이 되는 크리에이터를 찾는 활동을 통해 자신이 만들 영상에 대한 고민의 시간을 갖는다. 즉 비판적 사고를 바탕으로 다른 사람의 작품을 보는 연습을 한다. 자신이 찾은 좋은 크리에이터의 이유를 친구들과 공유하면서 좋은 크리에이터로 가는 연습을 한다.

활동

좋은 크리에이터 찾기	크리에이터 분석하기	좋은 크리에이터 공유하기
• 태블릿pc를 사용하여 가장 재미있게 설명을 잘하는 동영상을 찾기(개별) • 찾은 동영상을 친구들에게 보여주며 잘한 점, 내가 본받을 점을 찾기	• 친구가 보여주는 동영상을 보고 문제점을 찾아보기 • 자신이 찾은 크리에이터와 비교하기	• 모둠활동에서 어떤 어려움이 있었는지 이야기하기 • 어떤 것을 내 작품에 활용하면 좋을지 생각 나누기

수업 후 이야기	
	태블릿을 이용하여 개별로 좋은 크리에이터를 찾는 시간을 가졌다. 이전의 동영상은 재미만을 생각하고 감상했지만 이번 시간에는 비판적 사고를 갖고 동영상을 보는 시간을 가졌다. 주제가 있는지 유익한지 설명이 잘 되어 있는지 등 각각의 기준을 갖고 감상하고 공유하는 시간을 가졌다.

6차시

 # 동영상 스토리보드 작성

성취기준	[6수04-01] 한 양이 변할 때 다른 양이 그에 종속하여 변하는 대응 관계를 나타낸 표에서 규칙을 찾아 설명하고, □, △ 등을 사용하여 식으로 나타낼 수 있다. [6미02-03] 다양한 자료를 활용하여 아이디어와 관련된 표현 내용을 구체화할 수 있다.

학습목표	규칙과 대응의 동영상 제작을 위한 스토리 보드를 만들 수 있다.

❙ 수업의 초점

- 지난 시간에 각자 문제를 만들고 친구들에게 설명하였다. 이 활동을 바탕으로 수학 동영상 제작을 위한 스토리 보드를 작성하고자 한다. 스토리보드는 동영상의 설계도와 같은 개념이라고 할 수 있다. 어떻게 표현하는 것이 가장 효과적인가를 고민하고 방법을 찾아보고 이야기의 흐름을 정하는 시간이다. 좋은 크리에이터들의 장점을 생각하며 쉽고 재미있게 수학동영상을 만들 것인지 계획하는 시간이다.

❙ 활동

스토리보드의 중요성 알기	스토리보드 만들기(모둠)	스토리보드 공유하기
• 스토리보드란 무엇이라고 생각하나? • 스토리보드를 왜 만들어야 할까? • 스토리 보드를 만드는 것이 동영상 제작에 도움이 되는가?	• 어떤 주제로 할 것인가? • 규칙과 대응을 어떻게 표현할 것인가? • 스토리 만들기 • 준비물, 역할 분담	• 스토리보드를 다른 모둠과 공유하기 • 잘한 점, 수정할 점 찾기

수업 후 이야기

- 규칙과 대응을 가장 쉽고 재미있게 만들기 위한 스토리보드를 작성하는 활동을 하였다. 어떤 방법으로 할 것인지, 어떤 스토리보드판을 이용할 것인지를 모둠에서 정하고 가장 효과적인 방법을 찾았다.
- 스토리가 중요한데 스토리보드의 그림 그리기에 시간이 많이 들었다. '어떻게 하면 짧은 시간에 스토리보드를 완성할 수 있을까?'라고 질문을 했더니
- '사람을 졸라맨처럼 간단하게 그려요. 글로 써요. 학습지 말고 화이트보드에 그려봐요.' 등 여러 가지 의견이 나왔다. 활동의 목적이 다음시간 동영상촬영을 위한 작업임을 다시 한 번 인지시키고 아이디어표현에 집중하도록 안내했다.

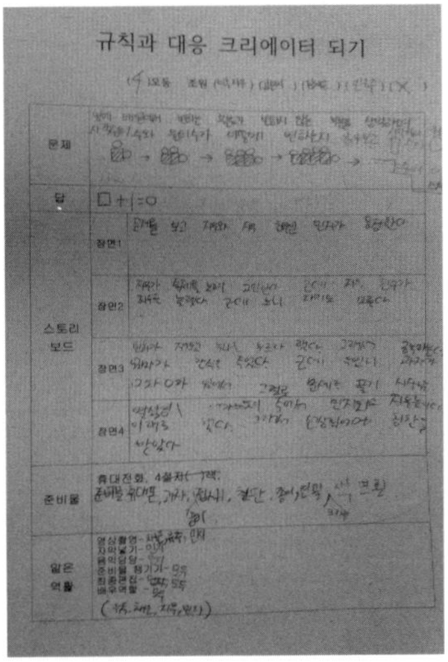

7~8차시

#대응과 규칙 설명 #동영상 제작

성취기준	[6수04-01] 한 양이 변할 때 다른 양이 그에 종속하여 변하는 대응 관계를 나타낸 표에서 규칙을 찾아 설명하고, □, △ 등을 사용하여 식으로 나타낼 수 있다. [6미02-03] 다양한 자료를 활용하여 아이디어와 관련된 표현 내용을 구체화할 수 있다.

학습목표	규칙과 대응을 설명하는 동영상 제작을 할 수 있다.

수업의 초점

- 지난 시간에 모둠에서 만든 스토리보드를 바탕으로 동영상을 제작하는 시간이다. 스토리보드에서 표현하지 못한 여러 가지 세밀한 장면의 표현, 자막, 효과음 등 다양한 것을 사용하여 재미있고 쉬운 수학 동영상을 제작하는 활동을 경험한다. 이런 활동에서 창의적 사고를 키우고 나와 의견이 맞지 않는 친구들과 의견을 맞추어 가는 경험을 통해 지식과 더불어 지성이 자라면 좋겠다.

활동

동영상제작 준비하기	장면별 촬영계획하기	동영상 촬영하기
• 촬영할 장소 찾기 • 역할분담하기(감독, 촬영, 배우, 스태프 등등) • 필요한 소품 준비하기	• 첫 장면을 어떻게 표현할 것인지 생각해 보자.(제목, ##TV 등 등) • 사람들의 시선을 끌기 위한 것은 무엇인가? • 수학을 어떻게 보여줄 것인가?	• 역할분담에 의해 원하는 장소에 가서 촬영을 한다.(장면별로 장소를 이동해도 된다.) • 여러 장면을 찍어 편집하는 방법을 생각한다.

수업 후 이야기
• 그동안 학습한 수학단원을 가장 재미있고 쉽게 설명하는 동영상제작에 들어갔다; 요즘 학생들은 미디어와 친해서인지 몰입도도 좋고 작품도 쉽게 만들었다. • 각각의 장소에서 영상 만들기를 하면서 학교에서 학생들이 너무 떠든다며 안내판을 만들어 붙였다.

9차시

#대응과 규칙 오류 수정

성취기준	[6수04-01] 한 양이 변할 때 다른 양이 그에 종속하여 변하는 대응 관계를 나타낸 표에서 규칙을 찾아 설명하고, □, △ 등을 사용하여 식으로 나타낼 수 있다. [6국01-05] 매체 자료를 활용하여 내용을 효과적으로 발표한다.

학습목표	규칙과 대응의 동영상에서 오류를 찾고 수정할 수 있다.

수업의 초점

- 지난 시간에 모둠에서 만든 동영상을 살펴보는 시간이다. 주어진 평가표를 중심으로 자신의 모둠과 다른 모둠의 영상을 보면서 오류를 찾고 좋은 점을 공유하면서 작품을 수정하는 시간을 갖는다. 작품을 제작하면서 스스로 오류를 찾고 수정하는 과정을 통해 스스로 발전해가는 경험을 갖게 하고자 한다.

활동

동영상평가(동료평가)	영상분석하기(자기평가)	영상의 문제점 공유하기
• 평가의 관점 제시 • 다른 모둠의 동영상을 감상하고 평가관점에 맞게 평가하기	• 동료 평가후 자신의 모둠을 같은 관점으로 평가하여 문제점 찾기 • 어떻게 수정할 것인지에 대한 모둠토의하기	• 다른 모둠의 장단점 발표하기 • 다른 모둠의 영상에 대해 질문하기

〈학습지 예시〉

TV이름	재미가 있는가?	내용 전달이 잘 되는가?	편집이 잘 되어 있는가?	해 주고 싶은 말 (고칠 점, 배우고 싶은 점)

- 다른 모둠의 영상에서 오류와 따라하고 싶은 것을 찾아 보자.
- 여러 가지 관점에 맞춰 동영상을 살펴보자(평가학습지 제시).
- 주어진 학습지를 갖고 다니며 다른 모둠의 영상을 평가해 보자.(동료평가)
- 각 모둠에서 영상평가와 영상상영의 순서를 정해 모둠원이 정해진 시간 안에 다 감상할 수 있게 하자.
- 오류와 잘한 점을 다 찾아보자.

- 자신의 모둠 영상은 다른 모둠의 것을 다 평가한 후 마지막으로 평가한다.(자기평가)
- 자신의 모둠 영상은 다른 모둠의 것을 다 평가한 후 마지막으로 평가한다.
- 각자 찾은 문제점을 공유하면서 자신의 동영상에서의 문제점을 이야기한다.
- 앞서 다른 모둠의 영상을 생각하면서 자신의 모둠에서 고쳐야 할 것들을 서로 이야기한다.

수업 후 이야기

프로젝트 수업에서 만들어진 작품에 대해 문제점을 발견하고 그것을 수정하는 과정은 매우 중요하다. 목표를 향해 지속적인 노력과 더불어 중간 점검을 통해 오류를 발견하고 그것을 가장 좋은 방법으로 수정하는 것은 창의융합인재로 자라가는 데 매우 도움을 주는 활동이다. 자신의 문제점을 찾기 전에 다른 모둠의 작품에서 문제점을 찾는 과정을 통해 자신의 작품에 대한 문제점을 자연스럽게 찾을 수 있는 단계를 밟는다. 수업 마무리에 수정할 것에 대한 공유는 좀 더 나은 작품으로 마무리하는 좋은 기회가 된다.

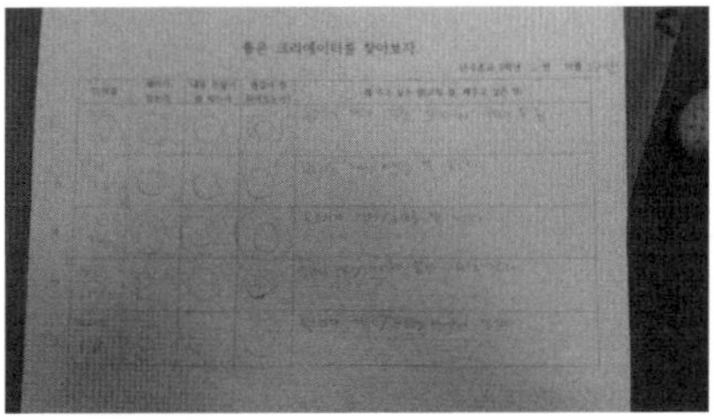

10차시

#대응과 규칙 #수학크리에이터 영화제

성취기준	[6수04-01] 한 양이 변할 때 다른 양이 그에 종속하여 변하는 대응 관계를 나타낸 표에서 규칙을 찾아 설명하고, □, △ 등을 사용하여 식으로 나타낼 수 있다. [6미02-03] 다양한 자료를 활용하여 아이디어와 관련된 표현 내용을 구체화할 수 있다

학습목표	제작한 동영상을 발표하고 감상한다.

수업의 초점

- 수학 프로젝트 마지막 시간이다. 지난 시간에 찾은 문제점을 바탕으로 수정하여 완성된 동영상을 모두 모여 같이 감상하는 시간이다. 발표를 크리에이터 영화제라는 이름으로 발표하면서 서로의 작품을 감상하고 서로 칭찬하는 시간을 가지려 한다. 크리에이터 활동에 작은 성취감을 느끼고 수학도 즐거울 수 있다는 생각을 가졌으면 한다.

활동

크리에이터 중심의 발표	대표작품 뽑기(모둠평가)	활동 소감 발표하기
• 제작과정, 영상의 의미, 관심을 갖고 볼 것 등 자기 작품에 대해 각자 설명한다. (각 팀 감독이 발표) • 영상 감상하기 • 영상감상 후 질문받기	• 모둠별 작품을 다 감상한 후 학교TV에서 상영할 우리반 대표 영상을 뽑는다. • 모둠에서 의논하여 수학에 대한 설명과 표현이 잘 된 작품을 선정한다.	• 전체활동에 대한 소감 나누기 (발표 및 포스트잇으로 표현하기)

수업 후 이야기

크리에이터영화제란 팻말을 붙이자 학생들의 환호가 이어졌다. 그동안 고생한 작품을 감상하는 시간이다. 영화제처럼 감독이 작품에 대한 설명도 하고 참여한 모둠원들이 만들면서의 소감도 이야기한 후에 다같이 작품 감상을 했다. 학생들은 지난번 시간에 작품의 수정을 위한 감상을 한 경험을 살려 어떻게 작품의 수준이 높아졌는지 지적한 사항에 대해 어떻게 수정이 되었는지를 생각하며 감상하였다. 작품제작에 많은 노력이 있다는 것을 서로 공감해서인지 작품 감상시 매우 진지하고 칭찬의 말과 표정을 보여주었다. 더불어 학생들이 수학이 이렇게 재미있는 것인지 몰랐다며 매우 즐거워했다.

마. 평가 계획

'수학 크리에이터 되기 프로젝트' 평가는 세 개의 부문으로 나누었다. 지식평가는 수학평가로 계획하고 기능과 태도 평가로는 창의융합적인 활동의 평가로 동영상 만들기를 계획하였다. 수학의 지식을 효과적으로 표현하는 것에 중점을 두었다. 수학의 지식을 국어과와 미술과와 접목하여 융합적인 활동으로 표현하도록 하였다.

1) 평가 내용

한 양이 변할 때 다른 양이 그에 종속하여 변하는 대응 관계를 이해하고 친구들에게 설명할 수 있는 창의적인 동영상을 만들었는가?

2) 수행 과제

'대응과 규칙'을 친구들에게 쉽게 알려주는 동영상을 만들어 보자.

3) 평가 항목

영역	평가 내용
지식	한 양이 변할 때 다른 양이 그에 종속하여 변하는 대응 관계를 □, △ 등을 사용하는 방법을 알고 있는가?
기능	동영상에서 대응과 규칙을 식으로 표현할 수 있는가?(수학과)
	대응과 규칙을 설명하는 동영상을 제작할 수 있는가?(미술과)
	동영상을 활용하여 대응과 규칙을 효과적으로 발표하는가?(국어과)
태도	작품을 완성하는 과정에서 모둠원들과 협력하는가?

4) 평가수준

가) 지식평가(개별평가)

평가내용	한 양이 변할 때 다른 양이 그에 종속하여 변하는 대응 관계를 □, △ 등을 사용하여 식으로 나타낼 수 있는가?	
평가수준	상	대응관계를 정확히 이해하고 □, △ 등을 사용하여 식으로 정확히 나타낼 수 있다.
	중	대응관계를 이해하고 □, △ 등을 사용하여 간단히 나타낼 수 있다.
	하	대응관계를 이해가 느리기는 하나 친구와 선생님의 도움으로 □, △ 등을 사용하여 간단히 나타낼 수 있다.

나) 기능평가(모둠평가)

평가내용	동영상에서 대응과 규칙을 식으로 표현할 수 있는가?(수학과) 대응과 규칙을 설명하는 동영상을 제작할 수 있는가?(미술과) 동영상을 활용하여 대응과 규칙을 효과적으로 발표하는가?(국어과)	
평가수준	상	제작한 동영상이 대응과 규칙을 정확하게 설명하고 표현방법이 창의적이다.
	중	제작한 동영상에서 대응과 규칙을 설명, 동영상의 완성도 중 하나가 잘 되었다.
	하	제작한 동영상이 대응과 규칙을 설명하였으나 동영상의 완성도가 낮다.

다) 태도평가(개별평가)

평가내용	작품을 완성하는 과정에서 모둠원들과 협력하는가?	
평가수준	상	모둠원들과 배려심을 갖고 협력하여 수행과제를 해결한다.
	중	대응과 규칙을 설명하는 동영상을 흥미를 갖고 표현하였다.
	하	대응과 규칙을 설명하는 동영상을 교사의 도움을 받아 표현하였다.

〈참고자료〉

서울시교육청(2019). 수업을 프로젝트하다 Ⅱ.

서울시교육연수원(2018). 학생의 성장과 발달을 위한 과정중심 수행평가.

04

과학과: 눈에 보이는 에너지 전환

가. 재구성의 필요성
-만져보고 만들어 보는 에너지 수업

2015 개정 교육과정에 제시된 '에너지 전환'은 2007 개정 교육과정에서 다루어지다가 2009 개정 교육과정에서는 삭제된 내용이다. 초등 과학과 교육과정에서는 에너지의 종류나 에너지 전환을 직접 다루는 대신 우리 생활 속의 에너지를 찾아보고 환경보존 차원에서 효율적으로 에너지를 활용해야 한다는 간접적 방식으로 접근하고 있다. 하지만, 에너지라는 것은 눈에 보이지 않는 추상적 개념으로 구체적 조작기에서 추상적 사고기로 넘어가는 시기의 초등학생에게 다소 어려운 개념이다. 따라서 에너지의 형태와 전환에 대한 접근은 일상생활에서 만나는 것들을 소재로 수업을 디자인할 수밖에 없으며, 이는 수업을 전개하기 위해 재구성을 해야 한다는 의미이기도 하다.

본 재구성에서는 교과서에서 제시하는 여러 가지 에너지 관련 실험을 바탕으로 에너지의 실체를 느껴보고, 그것이 우리 생활에 어떻게 활용되고 있는지, 어떻게 해야 잘 사용하는 것인지 등을 살펴보고자 한다. 이를 통해 학생들이 에너지에 대한 관심을 갖고 에너지 전환을 찾아보며, 궁극적으로 에너지 절약에 대해 생각해 볼 수 있는 계기가 되길 희망한다.

나. 교육과정 분석

1) 과학과 교육 목표 분석

	교과 목표	목표의 이해
과학과	1) 자연 현상에 대한 호기심과 흥미를 갖고, 문제를 과학적으로 해결하려는 태도를 기른다. 2) 자연 현상 및 일상생활의 문제를 과학적으로 탐구하는 능력을 기른다. 3) 자연 현상을 탐구하여 과학의 핵심 개념을 이해한다. 4) 과학과 기술 및 사회의 상호 관계를 인식하고, 이를 바탕으로 민주 시민으로서의 소양을 기른다. 5) 과학 학습의 즐거움과 과학의 유용성을 인식하여 평생 학습 능력을 기른다.	과학교육의 목표는 과학지식의 축적보다는 탐구능력과 과학적 문제해결력 함양과 더불어 평생학습으로서의 과학이다. 이것은 과학을 즐겁게 공부하고 탐구능력을 기르고 소통을 통해 평생 학습하려는 마음을 갖게 하는 것이다.

2) 관련 성취기준 분석

이 단원에서는 에너지 개념을 다양한 현상을 통해 통합적으로 설명하여 과학적 표현과 의사소통 능력을 기르는 것이 목표이다. 에너지와 물질은 서로 다른 것임을 알고, 에너지는 자연과 일상생활의 현상을 설명하는 유용한 과학적 개념임을 인식하도록 한다. 식물과 동물이 에너지를 얻는 과정을 포함한 일상생활의 여러 현상을 에너지 관점에서 설명하도록 하고 이러한 모든 과정은 태양으로부터 공급된 에너지의 전환 과정임을 인식하도록 한다.

'에너지와 생활' 단원에서 성취해야 할 두 개의 주 성취기준을 중심으로 학생과 관심과 즐거운 과학, 논리적인 표현을 위해 과학의 다른 영역에서 두 개, 국어에서 한 개, 미술에서 한 개의 성취기준을 접목하여 수업을 디자인하였다. 과학과 내에서 '에너지 전환과 에너지 활용'이라는 주제에 렌즈와 생태계에 관한 성취기준도 융합하여 보았다.

에너지 절약에 대한 학습은 '생물과 환경' 단원과 빛 에너지를 관찰하기 쉬운 '렌즈와 생활' 단원의 성취기준을 고려하였다. 국어와 미술 성취기준은 과학과 수업의 이해한 정도를 표현하기 위해 포함시켰다. 의견을 제시하고 조정하고 토의하는 것은 어느 상황에서나 필요한 것이므로 과학수업에서 자연스럽게 토의하는 경험이 포함된다면 융합수업의 좋은 예라고 할 수 있다. 미술도 체험영역에서 다양한 발상이라는 부분을 과학에 적용시키면 깊이 있는 수업이 되리라 생각한다.

교과		교육과정 성취기준
과학	열과 에너지 영역	[6과17-01] 생물이 살아가거나 기계를 움직이는 데 에너지가 필요함을 알고, 이때 이용하는 에너지의 형태를 조사할 수 있다. [6과17-02] 자연 현상이나 일상생활의 예를 통해 에너지의 형태가 전환됨을 알고, 에너지를 효율적으로 사용하는 방법을 토의할 수 있다.
	환경과 생태계 영역	[6과05-03] 생태계 보전의 필요성을 인식하고 생태계 보전을 위해 우리가 할 수 있는 일에 대해 토의할 수 있다.
	파동영역	[6과11-03] 볼록 렌즈를 이용하여 물체의 모습을 관찰하고 볼록 렌즈의 쓰임새를 조사할 수 있다.
국어	[6국01-02] 의견을 제시하고 함께 조정하며 토의한다. [6국01-05] 매체 자료를 활용하여 내용을 효과적으로 발표한다.	
미술	[6미02-02] 다양한 발상 방법으로 아이디어를 발전시킬 수 있다.	

다. 재구성 수업 설계

1) 교수·학습 계획

기존(교과서 차시계획)	
차시	차시별 학습 활동
1	과일 전지 만들기(재미있는 과학)
2	에너지는 왜 필요할까?
3	에너지는 어떤 것이 있을까?
4	에너지 형태가 바뀌는 예를 찾기
5	에너지의 원천은 무엇일까?
6	에너지의 효율적 활용방법
7-8	우리 학교 에너지이용 실태 취재하기
9	단원 정리하기

⬇

재구성 차시계획		
주제	차시	차시별 학습 활동
에너지 개념 익히기	1	과일전지 만들기(재미있는 과학)
	2	에너지 필요성 생각해보기
에너지 전환	3	에너지 종류 찾고 구별하기
	4-5	에너지 전환 종류 찾기
	6	에너지 전환실험1(빛에너지-열에너지)
	7	에너지 전환실험2(위치에너지-운동에너지)
효율적인 에너지 사용방법	8-9	에너지 전환실험2(골드버그 장치)
	10-11	저탄소여행계획세우기

※ 에너지와 생활단원 1차시 재미있는 과학의 과일전지 만들기는 학생들이 매우 흥미로워 하는 주제이다. 1차시는 따로 재구성하지 않아도 좋다. 단원 전체를 재구성할 시 재구성이 필요한 것인지에 대한 고민도 필요하다. 재구성은 학생의 수준과 흥미를 높이기 위한 방법이지 재구성이 우선되는 수업디자인이 되지 않도록 한다. 3차시도 교과서가 매우 자세하고 재미있게 구성되어 있어서 교과서 중심으로 수업해도 좋다.

2) 수업의 흐름

전체 수업을 세 부분으로 나누었다. 첫 단계는 에너지라는 낱말의 개념을 익히고 다음 단계에서는 그것을 다양한 실험과 조사, 설명 등의 활동을 통해 바탕 지식을 익히고 마지막 단계에서는 지금까지 학습한 것을 바탕으로 융합적 수업을 계획하였다. 과학의 융합수업의 가장 효과적인 STEAM으로 수업을 디자인하였다. 과학적 지식을 바탕으로 주어진 미션을 어떻게 다양한 방법으로 해결하고 표현할 것인가를 통해 지식의 내면화와 탐구력과 창의력을 신장시키고자 한다.

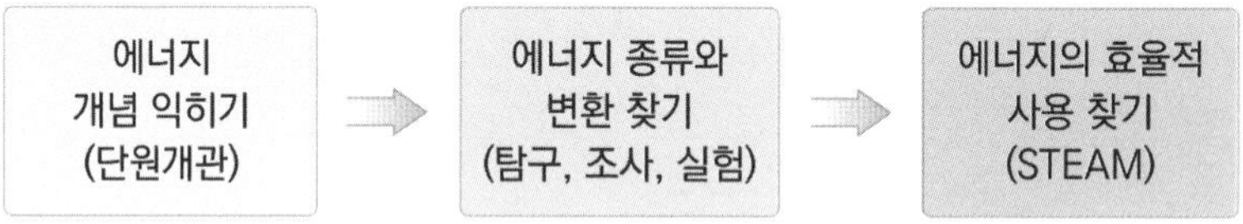

단원개관	주제	에너지 개념 익히기	차시	1-2
	• 과일전지 만들기(재미있는 과학) - 과일전지로 시계 작동하기(과일이 아닌 야채로도 실험이 가능함) - 과일전지에 연결한 전자시계가 작동하는 까닭 이야기하기 • 에너지 필요성 생각해보기 - 에너지의 필요성 알기 - 에너지가 필요한 까닭과 에너지를 얻는 방법 알아보기			

⬇

탐구조사실험	주제	에너지 종류와 전환 찾기	차시	3-7
	• 에너지 종류 찾고 구별하기(디지털 교과서 활용) - 에너지의 종류를 주변에서 찾기 - 에너지의 종류를 친구들에게 설명하기 • 에너지 전환 종류 찾기 - 에너지 전환의 의미, 종류 알기 • 에너지 전환실험1(빛에너지-열에너지) - 태양빛을 이용하여 열에너지로 전환시키는 방법 찾기 - 찾은 방법에 의해 실험하기(태양빛을 이용한 마시멜로 초코 퐁듀 만들기) • 에너지 전환실험2(위치에너지-운동에너지)			

⬇

STEAM	주제	에너지의 효율적 사용 찾기	차시	8-11
	• 에너지 전환실험3(골드버그 장치) - 에너지 전환을 활용한 골드버그 장치를 설계한다.(모둠별) - 설계를 바탕으로 교실의 물건을 이용하여 골드버그 장치를 꾸민다. - 여러 번 실험을 하여 가장 잘된 장면을 촬영한다. - 촬영한 골드버그 장치를 감상한다. • 저탄소 여행계획세우기 - 에너지절약 및 효율적 사용에 대해 이야기 나누기 - 가장 에너지를 절약하면서 행복한 여행에 대한 계획세우기 - 계획에 맞게 여행계획세우기 - 여행계획 전시 감상 및 평가하기			

라. 재구성한 실제 수업

2차시

#에너지에 대한 개념과 필요성

성취기준	[6과17-01] 생물이 살아가거나 기계를 움직이는 데 에너지가 필요함을 알고, 이때 이용하는 에너지의 형태를 조사할 수 있다.

학습목표	에너지의 필요성을 설명할 수 있다.

▎수업의 초점

• 에너지란 말을 많이 듣고 삶과 매우 관련이 깊지만 에너지는 보이는 것이 아니므로 개념을 잡기 힘들다. 에너지의 정의나 필요성을 설명하기보다 질문던지기 활동을 통해 같이 생각하고 에너지의 필요성에 대해 스스로 찾아보는 시간을 갖는다.

▎활동

질문 만들기	친구와 질문나누기(짝과)	친구와 질문나누기(전체)
• 에너지에 대한 여러 가지 궁금증 적어보기 • 교과서를 읽으면서 에너지에 대한 질문 만들기	• 질문을 만들어 짝과 서로 이야기 나누기 (친구와 질문나누기를 통해 해결되는 것과 해결되지 않는 것을 찾는다.)	• 해결되지 않은 궁금증에 대해 이야기 나누기(전체학습) • 에너지에 대한 관심 갖기

수업 후 이야기

#질문나누기

교과서를 읽고 궁금한 것이나 알고 싶은 것을 적은 후 짝에게 질문하고 둘이 해결하는 시간을 갖는다. 해결되지 못한 질문은 모아 전체 수업에서 해결하면서 에너지에 대한 관심을 키우는 시간이다. 학생들의 질문을 모두 해결할 필요는 없다. 궁금증을 가지면 수업에 대한 관심이 커지는 계기가 된다. 질문나누기는 학습의 결과를 내면화시키는데 매우 도움이 된다. 일방적인 교사의 가르침이 아닌 생각하고 질문하고 설명하는 과정을 통해 학생들은 배운 내용을 자신의 것으로 만드는 기회가 된다. 활동성이 많은 학생들에게 움직이며 이야기하는 기회를 주는 것은 수업의 참여도를 높이는 방법이다.

질문의 예) - 에너지는 왜 눈에 보이지 않는데 어떻게 있는 걸 아나요?
- 소리 지르는 에너지는 어디서 나오나요?
- 에너지를 만들 수 있으면 에너지 절약이 필요할까요?

4~5차시

#디지털교과서 #에너지 전환

성취기준	[6과17-02] 자연 현상이나 일상생활의 예를 통해 에너지의 형태가 전환됨을 알고, 에너지를 효율적으로 사용하는 방법을 토의할 수 있다. [6국01-05] 매체 자료를 활용하여 내용을 효과적으로 발표한다.

학습목표	생활주변에서 에너지의 형태가 바뀌는 예를 찾을 수 있다.

▎수업의 초점

- 에너지의 이해를 위해 개념과 종류에 대한 학습이 된 다음 전환에 대한 학습을 이어간다. 주의할 점은 전시학습에서 완전한 이해가 있어야 가능하다는 것이다. 보이지 않는 에너지의 형태를 낱말로 표현하는 것이 쉽지는 않다. 4차시 수업은 조사한 내용을 표현하는 방법을 택하려 한다. 에너지 전환에 대해 교과서로 공부한 다음(디지털교과서 활용이 더 좋음) 에너지 전환의 예를 다양한 방법으로 표현하는 기회를 주고자 한다. 교실이나 일상생활에서 만나는 에너지를 찾고 그것이 어떻게 변했는지를 생각하고 발표하는 기회를 주어 지식의 내면화를 이루게 하고자 한다.

▎활동

에너지 전환 종류 찾기(개별학습)	에너지 전환의 예 발표 준비하기(모둠별)	발표 및 감상
• 에너지에 대한 여러 가지 궁금증 적어보기 • 교과서를 읽으면서 에너지에 대한 질문 만들기	• 에너지 전환의 예를 가장 효과적으로 발표할 방법 의논하기 • 다양한 매체를 활용하여 오늘 학습을 발표할 방법 생각하기 • 모둠원들이 분담하여 발표준비하기(그림, 표, 그래프, 사진, 동영상 간단한 동영상, 사진모음 등등)	• 각 모둠이 준비한 에너지 전환의 예를 감상하기 • 가장 효과적이며 에너지 전환의 예를 잘 설명한 모둠을 찾기

6차시

#빛에너지 #열에너지 #에너지 전환

성취기준	[6과11-03] 볼록 렌즈를 이용하여 물체의 모습을 관찰하고 볼록 렌즈의 쓰임새를 조사할 수 있다.

학습목표	태양의 빛에너지를 기구를 사용하여 열에너지로 바꿀 수 있다.

수업의 초점

- 1학기에 학습한 렌즈단원을 에너지 전환과 접목하여 보았다. 에너지 전환 수업에 볼록렌즈로 열에너지 만들기 수업을 구성하였다. '마시멜로 초코 퐁듀 만들기'라는 게임으로 에너지 전환을 즐겁게 체험하고자 한다. 태양이 가진 여러 성질 중 에너지에 초점을 맞추고자 한다. 초콜릿을 녹이는 실험을 통해 태양이 가지고 있는 에너지를 체험해보고 태양열을 일상생활에 활용하고자 하는 의지를 갖게 한다. 더불어 에너지의 근원은 태양에서 나온다는 것을 생각하는 기회를 갖게 한다. 태양이 인간에게 주는 가장 중요한 에너지라는 것을 실험을 통해 알게 한다.

수업자료

- 마시멜로, 초콜릿, 돋보기, 은박지, 종이접시, 스마트 폰

활동

미션 제시	모둠실험하기	작품전시 및 감상
• 태양빛을 이용하여 마시멜로 초코 퐁듀를 만들기 • 빛을 열로 전환시키는 방법찾기	• 주어진 자료로 마시멜로 초코 퐁듀 만들기 • 빛을 열로 만들기에 적당한 자료 고르기 • 실험계획 세워 실험하기	• 교사에게 전송된 사진을 모아 감상하기 • 에너지 전환에 대한 생각나누기

마시멜로 초코 퐁듀 만들기 대회 규정 안내
• 필요한 물건을 4개 가져간다.(같은 종류를 가져가도 된다.) • 자료종류-각종 크기의 은박지 접시, 거울, 돋보기, 오목렌즈, 검은색 종이, 투명 테이프, 투명필름 • 중간에 도구를 교환할 수 있다. • 모둠원이 모두 완성되어야 한다.(초콜릿이 다 녹아야 한다.) • 초코 퐁듀가 완성되면 모둠원들이 모여 각자 작품을 들고 인증샷을 찍은 다음 선생님께 전송한다. • 전송한 모둠은 시식을 할 수 있다. • 마시멜로와 초콜릿을 다시 받아간다.(무한리필 가능)

마시멜로 초코 퐁듀 만들기
• 초콜릿을 하나씩 모둠별로 준다. • 가장 빨리 초콜릿을 녹이는 방법을 찾기(주어진 재료가 도움이 안 되는 것도 있음을 알린다. 가위와 테이프는 재료의 개수에 포함되지 않음) • 에너지를 모으려면 렌즈를 어떻게 움직여야 할까? • 거울이 도움이 될까? • 은박접시가 도움이 될까? • 교실창가가 좋을까? 운동장이 좋을까? • 볼록렌즈의 각도가 어느 정도일 때 가장 에너지를 많이 받을까? • 초콜릿을 어떻게 놓아야 잘 녹을까?

수업 후 이야기

초콜릿 한 조각을 햇빛으로만 녹여 마시멜로에 묻혀 먹는 활동이다. 태양에너지가 생각보다 모으기 힘들고 태양에너지에 대한 연구가 계속 필요하다는 것을 체험을 통해 알게 하고 싶었다. 그런 결과를 얻으려면 이 수업은 한여름에 하면 의미가 없다. 햇빛은 비추지만 아직은 쌀쌀한 봄이나 가을 오전이 좋다.

보이는 태양빛을 어떻게 효율적으로 모아 초콜릿을 녹일지에 대한 다양한 도구선택, 모둠별 협의가 필요한 수업이다. 활동 전에 무한 리필이 가능하다고 했는데 정해진 시간 안에 그리 많이 먹지는 못하였다.

7차시

 # 에너지 전환

성취기준	[6과17-02] 자연 현상이나 일상생활의 예를 통해 에너지의 형태가 전환됨을 알고, 에너지를 효율적으로 사용하는 방법을 토의할 수 있다.

학습목표	에너지의 형태를 바꾸어 보자.

▎수업의 초점

- 위치에너지와 운동에너지가 서로 전환되는 관계임을 알고 에너지 전환을 예측하여 롤러코스터 만들기 놀이를 하면서 자연스레 에너지의 흐름을 알고 에너지 전환에 관심을 갖게 하고자 한다. 에너지 전환을 놀이처럼 접근하려 한다. 위치에너지의 의미가 중력에 의한 높이차라는 것을 인식해야 위치에너지가 운동에너지로 변하는 것에 대한 실험을 하기가 좋다. 위치에너지가 수평이동이라는 오개념이 생기지 않게 하는 좋은 경험이다.

▎수업자료

- 고무호스 3m, 유리구슬

▎활동

에너지 전환 개념익히기	에너지 전환실험	에너지 전환 게임
• 위치에너지가 운동에너지가 되는 상황 알기 • 참고 동영상 감상하기	• 고무호스를 활용하여 롤러코스터 만들기 • 구슬 통과하기 실험	• 게임규칙 안내하기 • 고무호스 롤러코스터 빨리 통과하기 모둠대항

에너지 전환 실습	구슬 빨리 통과하기 모둠대항
• 위치에너지를 운동에너지로 전환하는 방법 터득하기 • 예상되는 운동에너지가 발생하기 위해서는 어느 정도의 위치에너지가 필요한가? • 에너지 전환 실험한다. • 위치에너지-운동에너지-위치에너지-운동에너지로 에너지 전환하는 방법을 알아본다. • 어떻게 호스의 모양을 만들어야 구슬이 통과할까? 생각해 본다. • 두 번째 위치에너지의 크기를 정해서 실험한다. • 터널 모양을 다양하게 해서 구슬을 통과시키는 실험을 설계한다.	• 실험이 끝난 모둠은 다른 모둠을 찾아가 롤러코스터 속의 구슬을 빨리 통과시키기 놀이를 한다. • 다른 모둠을 시간 안에 다 찾아가면서 시합한다. • 모둠별로 시합을 하여 가장 빨리 통과하는 모둠을 뽑는다.

수업 후 이야기

위치에너지가 운동에너지로의 전환을 가장 잘 보여주는 것이 롤러코스터 만들기이다. 이론상으로는 롤러코스터에 구슬이 들어가면 원을 돌아 통과해야 하는데 사전 실험에서 구슬이 원을 한 바퀴 돌아 나오는 것을 맞추기가 힘들었다.

〈구슬 빨리 나오기 경기〉

주어진 시간이 한정되어 있는 수업 시간에 학생들은 더 힘들 것 같았다. 시중에서 파는 롤러코스터 재료를 사서 해 봤지만 생각만큼 쉽지 않았다. 굵기가 조금 있는 고무호스를 재료로 롤러코스터를 만들어보았다. 고무호스를 둥글게 하면 원이 되고 처음의 위치에너지만 크게 하면 롤러코스터의 원리를 잘 표현할 수 있을 것 같아 호스를 사서 실험을 해보았다. 쉽게 잘 되었다.

모둠별로 3m가량의 호스와 구슬을 주고 호스를 눕히지 않고 에너지 전환을 하여 호스를 통과하게 하라고 했더니 여러 실험을 통해 구슬을 통과시켰다. 실험이 성공할 때마다 '와~' 하는 탄성을 지르며 학생들이 좋아했다.

8~9차시

#골드버그 장치 꾸미기 #골드버그 #창의융합

성취기준	[6과17-02] 자연 현상이나 일상생활의 예를 통해 에너지의 형태가 전환됨을 알고, 에너지를 효율적으로 사용하는 방법을 토의할 수 있다. [6미02-02] 다양한 발상 방법으로 아이디어를 발전시킬 수 있다.

학습목표	에너지 형태를 바꾸는 골드버그 장치를 꾸며보자.

❙ 수업의 초점

- 이 수업은 STEAM수업의 형태를 갖추고 있다. 골드버그 장치를 만들기라는 미션을 여러 실험을 통해 완성해가는 시간이다. 에너지 전환이 골드버그 장치에서 어떤 움직임으로 보일 것인가를 생각하여 설계하고 실험하는 시간이다. 앞의 수업에서 실험한 에너지 전환 실험을 상기하면서 에너지의 전환의 모습이 여러 가지로 보이도록 장치를 만드는 것이 중요하다.
- 학생들은 머릿속에서 상상한 것이 실제 작품을 만들 때 잘 되지 않는다. 여러 실험을 통해 시행착오를 거치는 것이 중요하다. 설계도를 만들고 설계도대로 장치를 해보고 실패한 경우 실패한 이유를 찾아 수정하면서 완성해가는 경험을 하는 것은 매우 중요한 학습이라고 할 수 있다. 교사는 학생들이 실패를 할 경우 방법을 알려주기보다는 발문을 통해 사고의 전환을 하게 하거나 조금 기다리는 여유가 필요한 수업이다.

❙ 수업자료

- 호스, 구슬, 컵, 테이프, 기타 교실의 여러 가지 물건

❙ 활동

골드버그 개념 익히기	골드버그 장치 설계하기	골드버그 장치 꾸미기
• 에너지 전환을 활용한 골드버그 장치 이해하기 • 골드버그 장치 동영상 감상하기	• 어떤 결과의 골드버그를 만들 것인지 계획하기 • 계획에 맞춰 설계하기	• 주변 물건을 이용하여 만들기

골드버그 미션의 조건
• 시간: 50분 • 장치: 위치를 두 번 높인다. • 사람의 힘을 이용하면 안 된다. • 주어진 물건 외에 교실에 있는 어떤 물건도 사용이 가능하다. • 에너지를 어떻게 변환시킬 수 있는지 생각해보자.

골드버그 장치 자료 준비하기
• 모둠에서 그린 설계도를 바탕으로 골드버그 장치를 잘 표현할 수 있는 자료를 고른다. • 자료는 교실 모든 물건을 사용해도 되고 준비물실에서 필요한 것을 가져와도 된다. 골드버그를 가장 잘 표현할 수 있는 물건을 토의해서 고른다.
미션 수행하기
• 구슬이 통과하는 길 만들기 • 구슬이 움직이는 멋진 동선 만들기를 구상한다.
동영상 촬영
• 골드버그 장치에서 구슬의 움직임은 순간에 끝나므로 모둠원 중 한 사람은 영상촬영을 담당한다. 여러 번 찍어 가장 잘 표현된 것을 고르면 된다. • 만들어진 골드버그 장치에 구슬을 움직이게 한 후 장면을 촬영한다.

수업 후 이야기

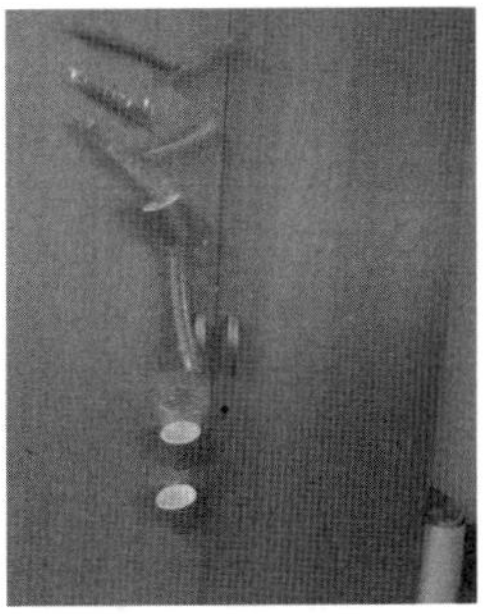

골드버그 장치 꾸미기는 영재학급 프로그램에서 많이 활용하지만 일반 학급에서도 충분히 가능한 수업이다. 골드버그라 이름 지어진 이유도 알고 있는 학생들이 많았고 수업 참여도도 매우 높았다.

골드버그 장치 꾸미기 사전 실험을 위해 시중에서 파는 것을 알아봤더니 예상보다 가격이 높았다, 비싸기도 하지만 재료를 주변에서 찾아 창의적으로 이용하도록 안내하였다. 전 차시에 사용했던 고무호스를 학생들에게 주고 필요한 만큼 잘라서 재활용하게 하였더니 다양하게 활용을 하였다. '결핍에서 창의성이 나온다'는 말이 맞는 것 같다. 고무호스 외에 종이컵, 플라스틱 투명컵, 풍선, 각종 블록 등을 기본으로 제시하고 필요한 것이 있으면 교실이나 학습준비물실 물건을 사용하도록 하였다. 다양한 아이디어 작품이 나왔다. 호스를 타고 내려온 구슬이 블록을 지나 벨을 울리게 하는 모둠도 있었고, 여러 개의 작품 중 교실 벽면에 줄이 달린 선풍기를 골드버그 장치로 돌아가게 하는 작품은 정말 놀라웠다. 몇 번의 실험 끝에 스위치의 역할을 하는 줄을 잡아당기는 힘을 찾아내는 과정은 칭찬할 만했다. 이런 과정을 학생들도 좋아했지만 보는 교사도 매우 행복했다. 다만 2시간의 시간이 좀 부족하여 작품을 완성하지 못하는 경우가 있어 안타까웠다. 성공한 모둠보다는 완성하지 못한 모둠이 더 많았다. 참관을 하던 담임교사 중에는 다음 시간까지 이어서 하겠다는 반이 있어서 고마웠다. 이것도 욕심을 낸 수업인가? 이런 수업은 과학의 날에 한 코너로 하여 학생들이 참여하는 방법도 좋을 것 같다.

10차시

#저탄소 #행복여행

성취기준	[6과17-02] 자연 현상이나 일상생활의 예를 통해 에너지의 형태가 전환됨을 알고, 에너지를 효율적으로 사용하는 방법을 토의할 수 있다.

학습목표	저탄소 에너지 효율 높은 여행계획을 세울 수 있다.

수업의 초점

- 에너지 절약과 에너지의 효과적 사용을 간접 체험하는 시간이다. 여행 계획이라는 기분 좋은 미션을 수행하게 한다. 주어진 조건에서 가장 에너지 효율이 높게 여행계획을 세우게 한다. 에너지 효율의 기준은 저탄소로 한다. 가장 저탄소로 행복한 여행이 되게 하는 것이다. 주어진 자료와 검색을 통해 가장 효율적인 방법을 찾아가도록 한다.

활동

저탄소 행복 여행 미션 제시	저탄소 여행계획 세우기	모둠별 발표 및 저탄소여행 우수 모둠 뽑기
• 친구들 4명이 여행을 하기로 하였다. 편하고 즐거운 여행을 저탄소로 계획해라 • 조건1. 교통기관을 이용해라. • 조건2. 식사재료를 선택해라. • 조건3. 주어진 자료를 활용하라. • 조건4: 편하고 즐거운 여행이 되어야 한다.	• 저탄소에 대한 개념 익히기 • 어떤 활동이 가장 에너지 절약에 좋은 것인지 선택할 수 있도록 한다. • 같은 거리도 어떤 교통기관을 선택할지에 따라 다른 탄소 발생량이 생김을 알고 선택한다. (계산하는 시간을 줄이기 위해 계산기 사용을 허용한다.)	• 각 모둠이 계획한 여행 계획에서 총 탄소 발생량을 합하여 가장 적은 모둠이 우수 모둠이 된다. • 탄소 발생량이 비슷한 경우에는 여행계획이 잘 되어있는 모둠으로 선정한다.

수업 후 이야기

'저탄소로 1박 2일 여행계획 짜기'를 두 시간에 걸쳐 수업을 만들어 보았다.
학생들에게 준 미션은 '저탄소로 행복한 여행을 만들어라.'였다. 저탄소 계획을 하라고 하면 무조건 차 안타기, 안 먹기로 하는 학생들이 있어서 여행은 먹을 것도 먹고 즐겁고 보고 놀 것도 즐거워야 한다고 했다. 학생들이 정해야 할 것은 갈 도시, 한 끼 식단, 놀이, 여행 장소까지 이용할 교통기관 등이었다.
가상의 여행이라고 했는데도 학생들은 도시를 정하는데 고민과 토의를 매우 진지하게 했다. 토의를 거쳐 탄소 발생량 표를 보고 학생들이 빈칸에 숫자를 적었다. 마지막 총 탄소 발생량과 여행 장소는 칠판에 적어서 서로의 결과를 비교하도록 했다. 칠판에 총 발생량을 기록한 후 여행 이야기를 만들도록 했다. 저탄소로 어떻게 즐겁게 여행을 했는지 스토리를 만들어 보도록 했다.
각 모둠의 여행이야기는 학생들이 돌아다니면서 읽도록 했다. 읽으면서 탄소 발생량 계산에 오류가 있는지 창의적인 아이디어가 있는지 살펴본 다음 자신의 생각을 붙임쪽지로 댓글달기를 했다.
교통기관을 태양열 자동차를 사용하여 탄소발생량을 0으로 계획한 모둠에게 가장 질문이 많았다. 흥분하는 아이도 있었다. 그게 가능하냐고…. 아이는 가상의 여행이라서 곧 가능할거라고 대답했다. 학생들의 기발한 창의적 발상이 돋보이는 활동이었다.

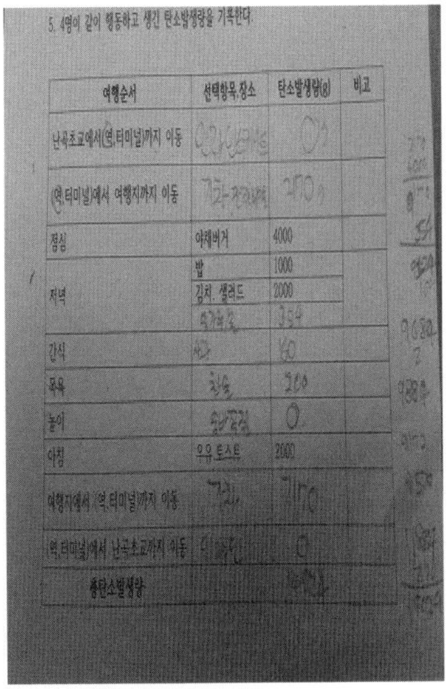

<자료>

<다음 도시의 거리와 교통수단 조건을 잘 보고 선택하세요>

1.교통수단에 대한 탄소소비량

종류	기준	탄소발생량
버스	1km	27.7
지하철	1km	1.53
자가용(택시)	1km	210
기차	1km	10
자전거		0
걷기		0

2.학교에서 기차역(서울역)이 나 버스타는 곳(고속버스터미널)까지 가기

교통수단	거리(km)		선택한교통수단	소비한 탄소소비량
	서울역 15km	버스터미널 12km		
지하철				
버스				
자가용				

3.목적지로 가는 교통편

도시	거리 (km)	교통수단			
		기차	버스	자가용	지하철
전주한옥마을	217	가능	가능	가능	불가능
평창알펜시안	205	가능	가능	가능	불가능
경주불국사	344	가능	가능	가능	불가능
부산해운대	420	가능	가능	가능	불가능
꽃지해수욕장	163	불가능	가능	가능	불가능

4. 놀이와 생활에 대한 탄소 소비량

종류	기준	탄소발생량		종류	기준	탄소발생량
목욕	가스보일러 (따뜻한 물)	1100(욕조)		화장지	재생1롤	450
		(샤워)500			비재생	730
	찬물	200		컴퓨터	1시간	90
				TV시청	1시간	88
	전기온수기	2600		게임기	1시간	100
				종이	1장	5

마. 평가 계획

1) 교육과정 성취기준 및 평가기준

교육과정 성취기준	평가기준	
[6과17-01] 생물이 살아가거나 기계를 움직이는 데 에너지가 필요함을 알고, 이때 이용하는 에너지의 형태를 조사할 수 있다.	상	생물이 살아가거나 기계를 움직이는 데 에너지가 필요함을 알고, 이때 이용하는 에너지의 형태를 설명할 수 있다.
	중	다양한 형태의 에너지가 있음을 알고, 식물과 동물이 에너지를 얻는 방법을 비교할 수 있다.
	하	생물이 살아가거나 기계를 움직이는 데 에너지가 필요함을 말할 수 있다.

교육과정 성취기준	평가기준	
[6과17-02] 자연 현상이나 일상생활의 예를 통해 에너지의 형태가 전환됨을 알고, 에너지를 효율적으로 사용하는 방법을 토의할 수 있다.	상	자연 현상이나 일상생활의 예를 통해 에너지의 형태가 어떻게 전환되는지 알고, 에너지를 효율적으로 활용하는 방법을 제안할 수 있다.
	중	자연 현상이나 일상생활에서 에너지의 형태가 전환되는 사례를 찾아 에너지 형태가 어떻게 전환되는지 설명할 수 있다.
	하	에너지는 그 형태가 전환될 수 있음을 말할 수 있다.

2) 재구성에 따른 차시별 평가내용 및 방법

주제	차시	차시별 학습 활동	평가종류
에너지 개념 익히기	1	과일전지 만들기(재미있는 과학)	
	2	에너지 필요성 생각해보기	
에너지 전환	3	에너지 종류 찾고 구별하기	구술평가
	4-5	에너지 전환 종류 찾기	구술평가(평가1)
	6	에너지 전환실험1(빛에너지-열에너지)	관찰평가
	7	에너지 전환실험2 (위치에너지-운동에너지)	자기평가
효율적인 에너지 사용방법	8-9	에너지 전환실험2(골드버그 장치)	동료평가(평가2-모둠평가)
	10-11	저탄소 여행계획 세우기	관찰평가 동료평가(평가3)

3) 수행과제 평가 기준

평가기준	에너지 전환종류 찾기	골드버그 장치 만들기	저탄소 여행계획 세우기
상	에너지 전환의 의미를 알고 에너지 전환의 예를 두 가지 이상 찾을 수 있다.	에너지 전환을 골드버그 장치를 모둠원들과 협력하여 창의적으로 꾸밀 수 있다.	에너지를 효율적으로 사용하는 방법을 알고 저탄소 여행계획을 창의적으로 세울 수 있다.
중	에너지 전환의 의미를 알고 에너지 전환의 예를 한 가지 이상 찾을 수 있다.	에너지 전환을 골드버그 장치를 모둠원들과 협력하여 간단하게 꾸밀 수 있다.	에너지를 효율적으로 사용하는 방법을 알고 저탄소 여행계획을 세울 수 있다.
하	에너지 전환의 의미를 알고 에너지 전환의 예를 친구들의 도움으로 찾을 수 있다.	에너지 전환을 골드버그 장치를 친구들의 도움으로 꾸미려고 한다.	에너지를 효율적으로 사용하는 방법을 알고 저탄소 여행계획을 간단하게 세울 수 있다.

〈참고자료〉

배난희(2014). STEAM, 수업시간이 즐거워요.
마이크버너스리(2012). 거의 모든 것의 탄소발자국. 도요새.
서울시교육연수원(2018). 학생의 성장과 발달을 위한 과정중심평가.

05

음악과: 브람스로 소통하기

가. 재구성의 필요성
-한 곡 깊게 듣기로 풍성하게 느끼고 소통하기

음악은 소리를 통해 인간의 감성과 사상을 표현하는 예술로 인간의 창의적 표현 욕구를 충족시키고 언어를 초월하여 다른 사람과 소통할 수 있는 장점이 있다. 음악이 갖고 있는 이러한 장점에도 불구하고 학년이 올라갈수록 학생들은 음악시간에 접하는 동요나 감상곡에 대한 흥미가 점점 떨어지고, 창작활동이나 표현활동에는 더더욱 소극적인 소통의 모습을 보인다. 하지만 자신들이 좋아하는 대중가요나 가수가 방송에 나올 때면 교사의 지시나 안내가 없어도 떼창을 부르며 서슴없이 춤을 추고 즐기는 모습을 보여준다. 이러한 학생들의 음악에 대한 상반된 반응은 동요와 가요의 장르적 차이도 있지만, 학생들이 학교에서 음악을 만나는 과정, 즉 음악 수업에 대한 성찰을 통해 원인을 살펴볼 필요가 있다.

일반적인 음악수업의 흐름은 교과서에 제시된 제재곡들을 중심으로 전개되어진다. 학생들은 다양한 제재곡을 익히고, 연주하고, 표현하고 감상하며 음악의 기본요소나 개념을 익혀 나간다. 이러한 방식은 학생들이 다양한 곡을 접할 수 있는 장점은 있으나, 음악을 깊이 있게 만나 풍성하게 느끼고, 그 느낌을 친구들과 음악적으로 소통하고 표현하는 데 한계가 있다.

이에 본 재구성은 학생들에게 다양한 제재곡 대신 하나의 중심 제재곡으로 깊이 있는 만남이 이뤄지도록 구성하였다. 재구성의 중심 제재곡은 학생들의 요구와 교사의 교육적 의도를 담아 브람스 '교향곡 1번'으로 선택하였으며 학생들이 음악을 듣고 떠오르는 다양한 생각과 느낌을 소리나 신체 등으로 자유롭게 표현하고 소통하여 함께 나눌 수 있도록 구성하였다.

나. 교육과정 분석

1) 음악과 교육 목표 분석

음악과 교육과정에서는 음악적 정서 함양 및 표현력 개발을 통해 자기 표현 능력을 신장하고 자아 정체성을 형성하며, 문화의 다원적 가치 인식을 통해 타인을 존중하고 배려하는 소통 능력을 지닌 인재 육성을 목표로 제시하고 있다. 이를 통해 우리 문화 발전에 기여하고 세계 시민으로서 문화적 소양을 지닌 전인적 인간으로 성장하길 기대하고 있다.

음악과 총괄목표에서 일차적 목표로 삼고 있는 것은 자기표현능력을 신장하는 것이며, 더 나아가 타인과의 소통능력을 지니는 것이다. 이를 초등학교에서 구현하기 위해서는 학생들이 소리의 상호작용과 음악의 표현 방법을 이해하여야 하며, 더 나아가 소리나 움직임 등으로 자신의 생각과 느낌을 음악적으로 표현할 수 있어야 한다. 또한 타인의 음악적 표현을 이해하고 공감함으로써 소통을 신장시킬 필요가 있다. 따라서 한 곡의 깊이 있는 감상, 생각과 느낌의 자유로운 음악적 표현, 타인의 음악에 대한 공감 과정 등을 포함하여 재구성하였다.

2) 관련 성취기준 분석

〈표현 영역〉
[6음01-01] 악곡의 특징을 이해하며 노래 부르거나 악기로 연주한다.
[6음01-02] 악곡에 어울리는 신체표현을 한다.
[6음01-05] 이야기의 장면이나 상황을 음악으로 표현한다.

이 성취기준에 도달하기 위해서는 우선 악곡에 대한 이해가 요구된다. 간단한 글이나 그림, 신체표현, 역할극 등 다양한 방식으로 표현하면서 악곡과 친해지는 과정이 필요하다. 신체 표현의 과정을 통해 악곡의 형식을 발견하는 과정과 타인의 음악적 표현을 존중하고 공감하여 소통할 수 있는 활동에 중점을 두었다.

〈감상영역〉
[6음02-01] 5~6학년 수준의 음악 요소와 개념을 구별하여 표현한다.
[6음02-02] 다양한 문화권의 음악을 듣고 음악적 특징에 대해 발표한다.

고학년에서 다뤄지는 음악 요소나 개념은 3, 4학년 때 학습한 개념을 학생들에게 반복 지도함으로써 익숙해지게 할 필요가 있다. 일정박이나, 리듬, 계이름 등은 다른 나라의 언어처럼 어렵게 느껴지는 개념으로 소리나 신체들을 활용한 다양한 활동을 통해 몸으로 자연스럽게 익힐 수 있도록 재구성하였다.

〈생활화 영역〉
[6음03-01] 음악을 활용하여 가정, 학교, 사회 등의 행사에 참여하고 느낌을 발표한다.

음악의 생활화는 두 가지 차원으로 정리된다. 하나는 공연을 감상하고 아름다움을 느끼는 것이고 다른 하나는 그 과정에 내가 직접 참여하여 즐거움을 느끼고 나누는 것이다. 대다수의 학생들은 후자를 선호하지만 간혹 적극적으로 음악활동에 참여하는 것을 부담스러워하는 학생들도 있다. 보다 많은 학생들이 마음을 모아 음악을 만드는 과정에 참여하도록 자신의 수준과 관심에 맞는 곡이나 악기를 자율적으로 선택하게 하는 것이 필요하다. 이와 함께 각자의 음악활동이 서로에게 어떤 영향을 주는지, 이러한 영향이 어떤 음악적 가치가 있는지 등을 함께 이야기할 수 있는 음악적 소통의 시간도 필요하다. 이에, 아름다운 음악을 들었을 때 본인이 느꼈던 즐거움과 평화로움을 타인에게 전하고자 하는 마음을 다지면서 행사를 준비하는 일, 행사 기획부터 악곡, 악기 선택을 학생들이 선택하여 행사에 참여하는 일에 중점을 두어 재구성하였다.

다. 재구성 수업의 설계

1) 교수·학습계획

본 재구성은 교과서에 제시된 '관악기 탐색 대작전', '세계 음악 속으로', '음악이 들려주는 이야기', '두근두근 리듬놀이', '나는 텔레비전 스타' 단원을 바탕으로 하였으며, 브람스 교향곡 1번을 중심 제재곡으로 하여 표현, 감상, 생활화를 목표로 성취기준에 맞춰 수정 보완하였다.

'브람스 교향곡 1번'은 브람스가 21년간 작곡한 곡으로 현재까지 대중들의 많은 사랑을 받고 있는 고전음악으로서 곡에 담겨 있는 다양한 가치들을 학생들이 음악적 체험을 통해 찾아내고 느낄 수 있도록 하는 데 중점을 두고, 총 12차시에 걸쳐 재구성하였다.

재구성은 '브람스 만나기 – 브람스 친해지기 – 브람스 즐기기'의 3부분으로 나누었다. '브람스 만나기'는 브람스 교향곡 속에서 다양한 악기가 만들어내는 소리를 접하며 서로가 느끼는 다양한 생각들을 표현하고 이해하는 활동으로 구성하였으며, '브람스 친해지기'는 브람스의 음악을 음악의 요소와 연결하여 학습하면서 친구의 음악적 표현을 공감하고 소통하는 활동으로 구성하였다. '브람스 즐기기'는 학생들이 브람스 교향곡의 일부분을 함께 연주하면서 음악의 아름다움을 경험하고 삶 속에서 음악을 생활화할 수 있도록 구성하였다.

2) 교수·학습 재구성 세부 내용

교과서 구성			
소단원	차시	차시별 학습 활동	변화
1-4. 관악기 탐색 대작전	1	관악기의 종류와 음색 알아보기	내용 대체 내용 순서 재배열 통합
2-5. 세계음악 속으로	2	여러 나라의 다른 음악 이야기	
		유럽 음악 만나기	
4-1. 음악이 들려주는 이야기	3	악곡 감상하기	
		이야기 음악 만들기	
4-3. 두근두근 리듬놀이	4	리듬꼴 익혀 노래부르기	
		말리듬 만들어 연주하기	
4-5. 나는 텔레비전 스타	2	음악회 준비, 음악회 개최하기	

⬇

재구성				
성취 기준	흐름	차시	차시별 학습 활동	기능
[6음01-05] [6음02-01]	브람스 만나기	1	음악을 공부하는 이유 찾기 서로의 다양한 생각 이해하고 소통하기	• 발표 · 구별하기
		2-3	브람스 음악을 듣고 그림과 역할극으로 표현하기 같은 음악에 대한 느낌이 다양함을 이해하기	• 발표 · 구별하기 • 표현하기
		4	브람스 음악회 계획하기	• 참여하기
[6음01-01] [6음01-02] [6음02-02]	브람스 친해지기	5-6	4박자에 어울리는 리듬으로 다양한 움직임과 브람스에게 하고 싶은 한마디를 표현하기	• 신체표현 · 표현하기
		7-8	브람스 교향곡 1번 4악장 악보의 일부 읽고 다양한 리듬과 음들이 조화를 이루는 악기 연주 방법 찾기	• 표현하기
		9-10	브람스의 헝가리 무곡과 교향곡 1번 4악장을 감상하고 음악과 자신의 특징을 관련지어 보기	• 구별하기 • 참여하기
[6음03-01]	브람스 즐기기	10	행사의 의미를 이해하며 음악회 초대장, 포스터 만들기	• 조사 · 만들기
		11	내가 선택한 악기로 브람스 음악회 참여하기	• 참여하기
		12	음악 행사에 참여한 느낌나누기	• 발표하기

라. 재구성 사례

1차시

#나의 생각 #음악을 공부하는 이유

성취기준	[6음02-01] 5~6학년 수준의 음악 요소와 개념을 구별하여 표현한다.

학습목표	음악에 대한 다양한 생각이 있음을 이해하고 음악을 공부하는 이유를 찾아 발표할 수 있다.

❙ 수업의 초점

- 나의 생각을 자유롭게 표현하는 허용적인 분위기를 마련하고자 한다.
- 음악이 있는 세상과 없는 세상을 비교하면서 음악의 아름다움과 가치에 대한 이야기를 깊게 나누는 일도 중요하지만 음악이 없는 세상의 가치도 찾아보면서 사고의 확장을 돕고자 한다.
- 음악이 인간의 다양한 감정과 생각을 표현하는 예술로 인간의 창의적 표현 욕구를 충족시키는 데 도움이 되는 교과임을 느껴보는 시간이 되길 희망한다.

❙ 활동

• Without '음악', with '음악'
음악이 없는 영상과 음악이 있는 영상을 보고 느낌 나누기 음악이 가지는 아름다움, 특징, 가치에 대하여 이야기 나누기
• About '음악'
- 함께 이야기하고 싶은 주제를 협의하기 (음악을 공부하는 목적, 음악에 대하여 궁금한 점, 나의 음악 자랑, 반 친구들과 하고 싶은 음악 활동, 듣고 싶은 음악 등) - 모둠별 월드까페로 다양한 생각을 나누기 - 나의 생각과 친구들의 생각이 어떻게 다른지 찾아보고 다양한 생각들 이해하기

"음악을 공부하면 무엇이 좋을까?" "피아노로 스트레스를 푼 적이 있었다." "가수들이 부르는 노래도 예술일까?" "음악은 어디서 시작했을까" "작곡자들은 작곡을 할 때 자신의 머리 속에 있는 음악을 악보로 나타내어 자신이 생각했을 때 이상한 부분을 계속 고쳐 곡을 작곡하는 것일까?	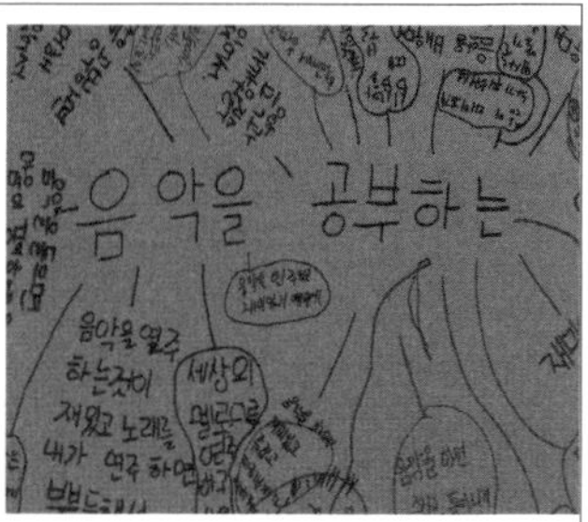
• Make '나만의 음악'	
- 교사가 치는 피아노 코드를 듣고 모둠별로 자유롭게 즉흥 음악으로 발표하기 - 음악을 삶 속에서 즐길 수 있도록 분위기 형성하기 - 모둠 발표에서 다양한 표현들을 찾아 이야기하기	

수업 후 이야기

학생들의 생각과 선택: 재구성의 출발점

브람스 교향곡 1번의 주요 주제를 연주하는 교실 음악회를 수행과제로 구성한 것은 1차시 수업 학생들의 생각이 시작이었다. '음악을 배우는 이유', '음악에 관해 궁금한 점', '음악 관련 자기 자랑' 등의 주제로 월드 카페를 했다. 학생들의 다양한 의견 가운데 눈길을 끄는 질문이 있었다.

'작곡가가 한 음악을 만드는데 얼마나 고칠까?'

이 질문을 보고 학생들과 다음과 같은 대화를 나누었다.

- 자룡샘: 브람스라는 작곡자가 만든 교향곡 1번은 21년 동안 수정을 거듭하면서 만들어진 곡입니다. 브람스는 이 곡을 만드는데 몰입하려고 영국에서 박사학위를 준다 해도 안 갔어요. 여러분이 듣기에는 아주 어려운 곡입니다.
- 학생들: (많은 아이들이 21년이라는 소리에 옆 친구를 보면서 놀라는 표정을 지으면서 웅성거린다.) 한번 들어보고 싶어요.
- 자룡샘: 그렇다면 어려우니까 덜 지루하다고 볼 수 있는 4악장의 끝부분 3분만 들려줄게요.
- 학생들: (교사가 검색한 영상이 화면에 뜨고 연주시간이 46분인 것을 보고는 다시 한 번 더 많은 아이들이 놀란다.) 이렇게 곡이 길어요?
- 자룡샘: 그죠? 그래서 어른들도 처음부터 다 듣기 어려워요. 듣다가 잘 수도 있어요.

(2019. 3/3. 2교시, 5-2반 교실에서)

음악을 듣던 학생들의 반응은 내가 생각한 것과는 달랐다. 처음부터 다 들어보고 싶다는 것이다. 이에 어떤 활동을 하면 이 어려운 곡을 잘 들을 수 있을지 질문하자 많은 학생들은 악기로 연주하면 좋을 것 같다고 했다. 이러한 과정을 통해 수행과제로 브람스 교향곡의 주요 테마를 연주하는 음악회가 선정되었다.

브람스 교향곡 1번:
「교향곡 제1번」이 1876년 초연되었을 때 그의 나이는 43세였다. 작곡에 첫 돌입한 시기는 22세로, 슈만의 「만프레드」 서곡이 동기가 되었다. 브람스의 구상은 지극히 신중했다. 언제나 베토벤의 9개 교향곡을 의식하고 있었기 때문이다. 1악장을 완성한 때는 1862년, 7년 뒤의 일이었다. 그리고 12년이 지난 1874년에 본격적으로 작곡에 착수해 1876년에 드디어 완성본을 얻었다. 착상에서 완성까지 실로 21년의 세월을 들인 것이 된다. 전체적으로 극히 베토벤풍의 인상이 강하고, 특히 짧은 기본 동기를 구사하는 c단조의 제1악장은 「운명」(교향곡)의 제1악장을, 끝악장의 주제는 「합창」(교향곡)의 피날레 주제를 연상케 해서 한스 뷜로는 '불멸의 9개'에 이어지는 제10번 교향곡이라고 일컬었다.(네이버 지식 백과)

2~3차시

#나의 느낌 #음악과 나의 삶 #음악이라는 세상

성취기준	[6음01-05] 이야기의 장면이나 상황을 음악으로 표현한다.

학습목표	브람스 음악을 듣고 느낌을 그림과 역할극으로 표현하고, 서로의 역할극을 보며 같은 느낌과 다른 느낌을 찾아 이야기 할 수 있다.

수업의 초점

- 장대한 화성의 조화로 찬사를 받는 브람스 교향곡은 50분이 넘는 긴 곡으로 주의 집중 시간이 짧은 학생들이 듣기에는 어려운 곡이다. 이에 학생들의 브람스에 대한 흥미가 지속되길 바라는 마음에서 많은 사랑을 받는 4악장을 경쾌한 타악기 연주로 눈을 뗄 수 없는 끝 부분, 다양한 금관 악기가 서로 어우러진 첫 부분, 우수에 젖은 현의 선율이 있는 중간 부분으로 나눠서 들려주는 것으로 구성하였다.
- 그림, 글, 소리, 신체 등을 활용하여 음악에 대한 자신의 생각과 느낌을 창의적으로 다양하게 표현하길 바란다.
- 클래식이란 문화유산을 자신의 삶과 관련지어 표현하면서 세계의 다양한 문화에 친숙해지기를 희망한다.
- 브람스로의 변신하기 활동은 브람스에 집중하기보다는 '음악가'로서 어떤 고민과 생각을 하는지를 학생들이 자유롭게 상상하고 표현하는 데 중점을 두었다.

활동

• 상상하며 음악듣기
- 장면을 상상하며 교향곡의 한 부분 듣기 - 리듬, 연주되는 악기, 음색에 맞춰 몸을 움직이며 듣기 - 음악을 다시 들으며 상상한 것을 모둠별로 그림이나 글로 나타내기 "바이올린이 화려한 멋진 경험담을 이야기해주면 플룻이 조용히 들어주는 것 같다." "큰 악기는 엄마가 화내시는 것이고 작은 악기는 자식이 죄송하다고 비는 것이다." - 같은 음악이 다양한 장면으로 표현되는 이유 찾아보기
• 역할극으로 표현해보기
- 음악을 역할극으로 만들어보기 - 다른 모둠의 역할극을 보며 나와 같은 느낌과 다른 느낌을 찾아 이야기 나누기

• 브람스로 변신하기	
- 평소 음악가에게 궁금했던 점 이야기 나누기 - 브람스에게 질문하고 싶은 내용 생각하기 - 핫시팅: 브람스가 되어 질문에 다양하게 답해보기	* **'핫시팅' 활동 방법** • 한 학생이 브람스가 되어 의자에 앉는다. • 한 사람씩 나와서 브람스에게 궁금한 점을 질문한다. • 브람스가 된 학생은 브람스 입장에서 대답한다. * 학생이 브람스에 대한 사전조사가 없어 모르는 경우 교사가 브람스가 되어 대답하면서 함께 알아간다.

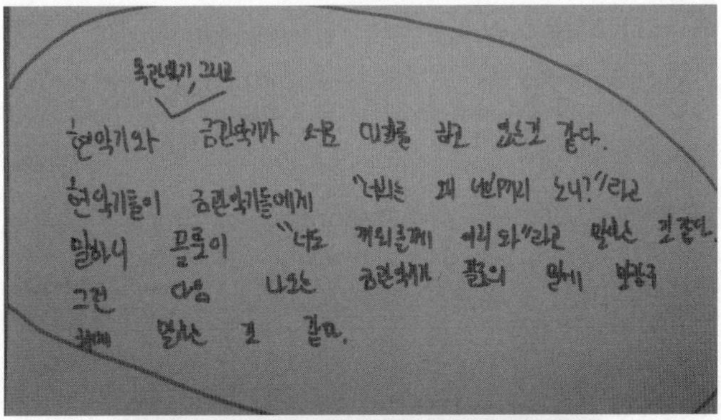

4차시

#음악적 표현 #음악회 계획

성취기준	[6음03-01] 음악을 활용하여 가정, 학교, 사회 등의 행사에 참여하고 느낌을 발표한다.

학습목표	서로 다른 우리가 소통하여 브람스 음악회를 계획할 수 있다.

수업의 초점

- 여러 해 학생들과 음악회를 준비하면서 학생들의 마음가짐이 학습의 과정과 연습 분위기에 많은 영향을 주는 것을 경험했다. 이에 12차시 중 비교적 학습 초기인 4차시에 학생들이 접해 본 음악과 음악회 목적을 서로 충분히 소통하는 시간을 가져 보는 시간을 마련하였다.
- 자신의 음악 문화를 나누며 서로 협의하여 실행 가능한 다양한 연주회 계획을 세워 앞으로의 학습에서 학생이 주도적으로 음악을 연습하고 어우러지는 과정을 느끼기를 희망한다.

활동

• 나의 음악 문화
- 타이타닉의 마지막 순간, 평화를 전한 음악 듣기 - 음악이 마음을 행복하고 평화롭게 했던 순간 찾아보기 - 나의 좋아하는 음악의 변화 표현하기 - 연주해 본 악기 적어보기, 나의 음악 문화 이해하기
• 그리고 나는 관객, 연주자
- 음악실에 있는 음악회 포스터 살펴보기 - 모둠별로 팸플릿을 보면서 어떤 내용으로 구성되어 있는지 찾아보기 - 음악회의 목적을 이야기 나누기 - 모두를 배려하는 우리 반 교실 음악회 계획하기 - 연주 일시, 연주 장소, 연주 대상 협의하기

• 다양한 우리들의 교실 음악회

- 팸플릿 갤러리
- 모둠에서 만든 다양한 팸플릿을 모두가 잘 보일 수 있도록 전시하기
- 관람객이 되어 다니면서 다른 모둠의 팸플릿 감상하기

"행복 당당 음악회" "새로운 음악회"

"못하는 노래를 노력하려고" "자신감을 키우기 위해"

"자신을 더 성장시키기 위해" "자신의 특기를 살리기 위해"

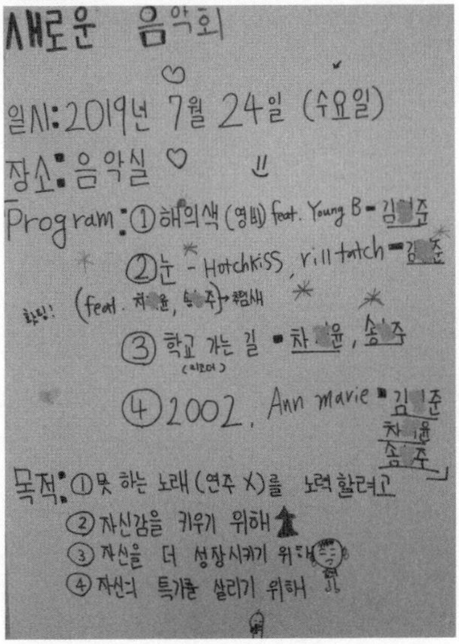

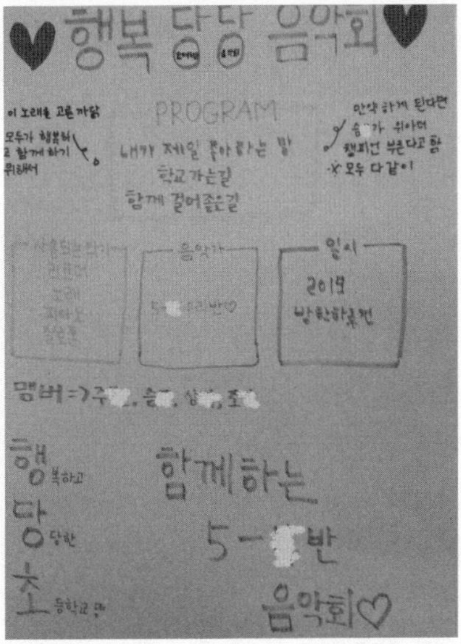

5~6차시

#타인의 음악적 표현 이해 #박, 리듬

성취기준	[6음01-02] 악곡에 어울리는 신체표현을 한다.

학습목표	4박자에 어울리는 리듬으로 다양한 움직임과 브람스에게 하고 싶은 한마디를 표현할 수 있다.

수업의 초점

- 일정박은 쉬운 리듬이라고 생각하지만 몸으로 익히기 위해서는 다양한 움직임과 언어를 통한 반복적인 연습이 필요하다. 일정박이 익숙하지 않은 친구들을 위해 짝, 모둠이 함께 하는 활동을 마련하였다.
- 움직임을 더 흥미롭게 하기 위해 다양한 동물의 움직임을 탐색하고 이를 4박자에 어울리는 리듬과 관련지어 보고, 이 리듬이 언어로 익숙해질 수 있도록 브람스에게 전하는 한마디로 발전시켜 친구의 음악적 표현을 이해하고 공감하는 환경을 마련하고자 하였다.

활동

<table>
<tr><td colspan="2">• 브람스에게서 편지가 왔어요</td></tr>
<tr><td>- 브람스가 우리들에게 원하는 것 알아보기
* 즐겁게 협력하며 공부하기
* 4박자에 어울리는 리듬 알아가기
* 연주곡의 한마디라도 우리가 만든 리듬 넣기</td><td>내 교향곡 1번을 너희들이 연주해 보고 싶어 한다는 이야기를 듣고 너무 기뻤어. 21년이나 걸리면서 공들여서 만든 4/4박자의 곡이란다. 나는 죽기 전에 감정표현이 서툴러 사람들과 친하게 지내지 못했단다. 그래서인지 나의 곡이 무겁고 어렵다는 이야기도 듣고 있단다.
너희들은 나와는 달리 친구들과 즐겁게 협력하면서 4박자에 어울리는 다양한 리듬을 알아가면 좋겠어. 연주곡에 너희들이 만든 리듬이 한마디라도 들어가길 원해. 모두를 연주하기 힘들기 때문에 4박자의 리듬이 쉽게 잘 표현된 4악장의 선율 연주를 추천한다.</td></tr>
</table>

• 함께 느끼는 일정박
- 선생님의 일정한 박수에 일정박을 느끼며 걸어보기 - 브람스 교향곡 1번 4악장의 일부분을 들으며 일정박을 느끼며 박수치기, 걸어보기 - 원을 만들고 도미노로 한 사람씩 일정박에 점프하기, 짝과 손잡고 서로 도와가며 점프하기
• 함께 만들어 보는 4박자 리듬
- 동물의 고유한 움직임을 상상하기 - 동물이 되어 4박자에 맞춰 걸어보기 - 동물의 움직임에 맞는 리듬 찾아보기 - 다양한 동물이 되어 리듬 느껴보기
• 브람스에게 하고 싶은 말
- 동물의 움직임을 컵으로 나타내 보기 - 브람스에게 하고 싶은 말을 4박자에 어울리는 리듬으로 표현하기 - 론도 형식으로 모둠이 브람스에게 하고 싶은 말을 발표하기 - 우리가 앞으로 연주할 브람스 교향곡에 넣을 4박자에 어울리는 리듬으로 발전시키기

수업 후 이야기

"친구랑 손잡고 음악을 들으며 박에 맞춰 점프하는 것이 더 어려워요. 음악과 친구 둘 다에게 집중해야 되니까요."(수업 중 한 학생의 이야기)

브람스 1번 교향곡 중에서 일정한 박자로 진행되는 부분을 들려주면서 박자에 맞춰 점프하는 활동을 했다. 몇몇의 학생이 박자에 맞춰 점프하는 것을 어려워해서 2명, 4명 손잡고 친구의 도움을 주고 받기를 의도했다. 그런데 혼자 일정박에 점프하는 것과 친구와 손잡고 점프하는 것을 비교하는 질문에서 손잡고 하는 것이 더 어렵다고 답했다. 학생들은 친구와 호흡을 맞추기 위해 음악과 친구 둘 다에 집중할 필요가 있다고 하면서 함께 살아가기 위해서는 서로에게 더 집중하고 조심해야 한다고 했다. 음악을 넘어 친구들과 함께 살아가는 태도까지 찾아낸 학생들에게 감사한 수업이었다.

"모둠발표 할 때 집중하고 모두 즐겁게 발표하는 방법을 알고 싶어요."
(같은 학교 A 선생님의 이야기)

음악의 형식 중에 '론도'는 순환 부분을 가진 악곡 형식이다. 주제부 A 사이에 다양한 삽입부 B, C를 끼고 되풀이 되는 형식을 말한다. 이를 응용하여 학생들이 만든 '브람스에게 하고 싶은 말'을 발표하는 시간을 가져봤다. A는 교사와 학생이 함께 만든 리듬으로 하고 그 외는 각 모둠에서 만든 리듬으로 구성된다. 순서를 학생들과 의논하여 정하고 모둠과 전체가 함께 순환해서 계속 발표해야 하기 때문에 모둠활동에 집중하는 데 도움을 준다. 론도 형식을 활용하여 ABACADA로 발표하는 방법은 다음과 같다.

A	B	A	C
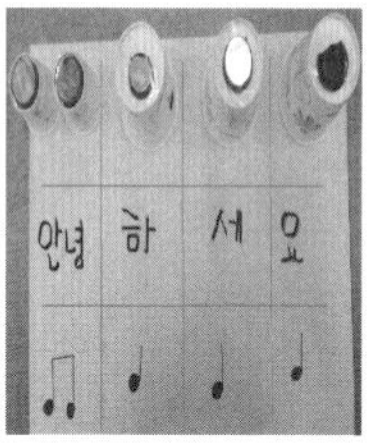	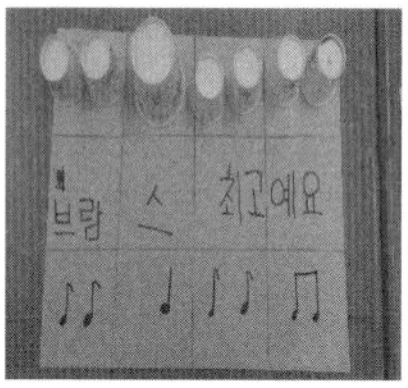	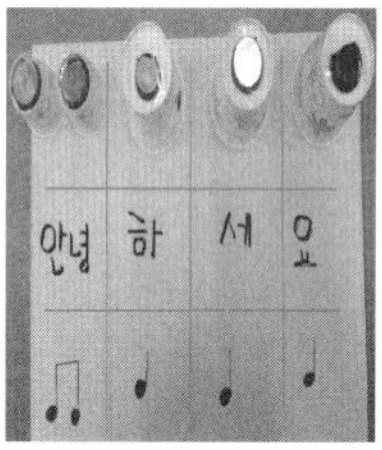	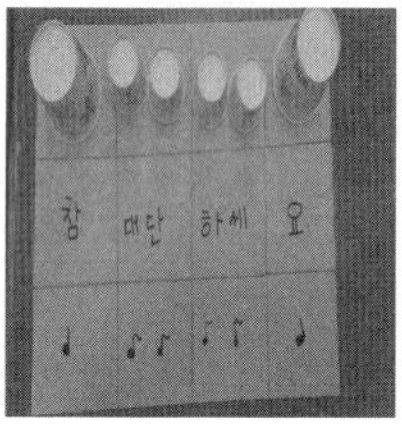

A	D	A
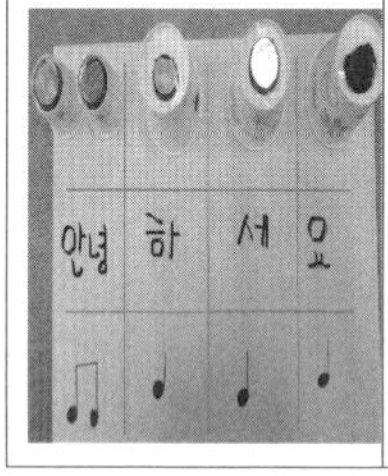	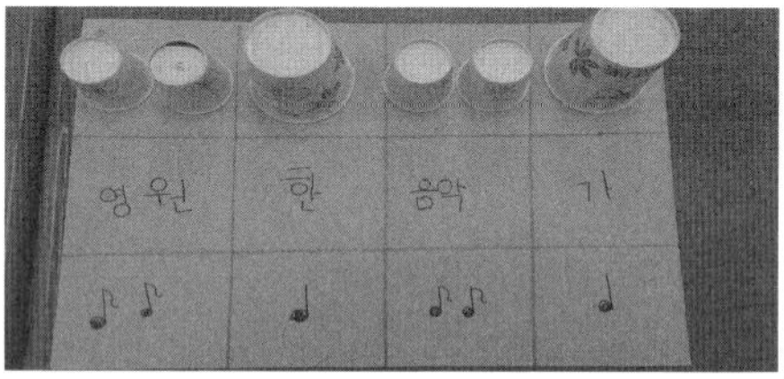	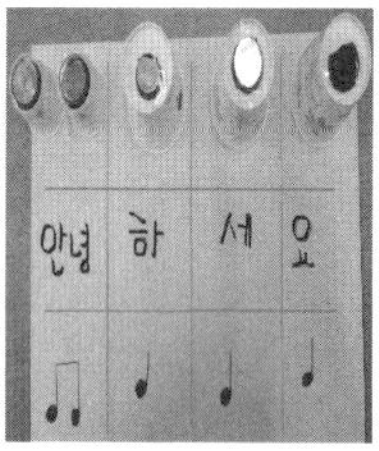

7~8차시

#소통 #같은 리듬, 다른 리듬

성취기준	[6음01-01] 악곡의 특징을 이해하며 노래 부르거나 악기로 연주한다.

학습목표	브람스 교향곡 1번 4악장 악보를 함께 읽으며 다양한 리듬과 음들이 조화를 이루는 악기 연주하는 방법을 찾아 이야기할 수 있다.

❙ 수업의 초점

- 학생들이 4박자에 어울리는 리듬으로 자신의 감정이나 성격을 표현하고 이유를 말하는 과정을 통해 서로를 존중하는 문화가 형성되길 바란다.
- 서로의 소리에 집중, 소통하기 위해 같은 리듬과 다른 리듬 찾기 활동을 구상하였다.
- 어렵게만 느껴질 수 있는 클래식 선율을 학생들의 수준에 맞게 편곡하였다. 학생은 여러 악보 중 자신의 수준에 맞는 악보를 선택하여 즐겁게 연주하길 희망한다.
- 하나의 클래식 선율을 익혀 자신의 것으로 만들어 세계의 다양한 문화 유산을 이해하는 계기가 되길 바란다.

❙ 활동

• 리듬으로 보여주는 나
- 교사가 불러주는 브람스 교향곡 1번 4악장 8마디를 들으며 일정박 느끼기 4박자에 어울리는 리듬으로 대화하기(예: 타 타 타 타 ↔ 타 티티 타 타) - 자신을 표현하는 4박자 리듬을 타악기를 선택하여 창의적으로 표현하고 이유 이야기하기
• 리듬으로 소통하는 우리
- 학생들이 표현한 리듬에서 몇 개의 주요 리듬을 칠판에 적고 이를 말리듬으로 익히고 주요 리듬 중 자신의 리듬 정하기 - 자신의 리듬을 말로 하면서 다니면서 친구의 소리 듣기 - 같은 리듬인 친구 만나기 - 다른 리듬인 친구와 리듬 교환하기

• 놀이로 만나는 브람스
- 브람스 교향곡 1번 4악장 8마디를 계이름으로 부르며 음악 놀이하기 *** '일정박 치기' 음악 놀이 방법** - 학생들이 동그랗게 서 있는다. - 한 명의 술래가 노래에 맞춰 일정박으로 친구의 손바닥을 친다. - 끝나는 지점의 학생의 술래가 된다. - 술래 앞뒤 사람은 타악기를 선택하여 4박자에 어울리는 리듬으로 연주하며 놀이에 참여한다.
• 악보 넘어 세상 구경
- 악보와 소통하기: 악보를 보고 자신이나 친구의 리듬이 있는지 찾아보기 - 나와 소통하기: 말 리듬으로 연주하면서 악보 익히기 나에게 맞는 악기와 악보 선택하여 연습하기 - 음악과 소통하기: 친구들의 연주 소리를 들어가며 다양한 리듬과 음들이 조화를 이루며 연주할 수 있는 방법 찾아보기

9~10차시

#음악, 나, 세상과 소통 #다양한 문화권의 음악

성취기준	[6음02-02] 다양한 문화권의 음악을 듣고 음악적 특징에 대해 발표한다.

학습목표	브람스의 헝가리 무곡과 교향곡 1번을 감상하고 음악과 자신의 특징을 관련지어 보면서 다양하게 소통하는 방법을 찾을 수 있다.

수업의 초점

- '그것만이 내 세상[1]'의 등장인물과 배경음악 탐색을 통해 음악으로 소통하는 방법을 찾아보고 다양한 문화의 사람들이 행복하게 살 수 있는 세상을 생각해 보길 희망한다.
- 헝가리 무곡과 교향곡 1번의 비교 감상을 통해 교향곡의 특징을 더 느껴보며, 음악과 자신을 관련지어 보고 학급 인스타그램과 댓글 활동을 통해 효과적으로 소통하고 서로 어우러져 아름다운 세상을 만드는 계기가 되길 바란다.

활동

<table>
<tr><td colspan="2">• 영화 속 클래식 '그것만이 내 세상'</td></tr>
<tr><td colspan="2">- '그것만이 내 세상' 등장인물인 피아노에 천재적 재능을 지닌 서번트 증후군의 진태가 연주하는 헝가리 무곡에 대해 이야기 나누기
- 영화에서 음악이 어떻게 사용되었는지 이야기해보기
- 나와 다른 특징, 성격을 가진 사람들과 소통하는 방법 생각해보기</td></tr>
<tr><td colspan="2">• 헝가리 무곡과 브람스 교향곡 1번 음악 감상</td></tr>
<tr><td>- 몸을 움직이며 듣기
- 리스닝 맵을 그리며 듣기
- 헝가리 무곡과 교향곡 1번의 리스닝 맵을 비교하며 음악적 특징 찾기
- 두 곡 중 나의 성격과 비슷한 음악을 찾아 이유 이야기하기</td><td>"헝가리 무곡이 나랑 비슷하다. 항상 긴장하고 살아야 하며 이 순간 긴장을 놓치면 안 되는 게 같다."
"교향곡 1번은 고급 음식점에 가서 예의있게 행동하는 내 모습 같다"
"헝가리 무곡은 나처럼 변덕스러워."</td></tr>
</table>

1) 오갈 데 없어진 한물간 '전직 복서'가 우연히 17년 만에 헤어진 엄마와 재회하고, 숙식을 해결하기 위해 따라간 집에서 뜻밖의 장애인 동생 진태를 만나 서로 이해하는 과정을 그린 영화. 교통사고로 장애인이 되어 세상과 소통하지 않는 유명 피아니스트와 진

• 나만의 해시태그 '이것만큼은 내 세상'
- 영화 속 '진태'처럼 세상을 아름답게 할 수 있는 나만의 능력을 해시태그로 나타내기 - '이것만큼은 우리반 세상' 인스타그램을 만들고 친구의 다양한 능력과 생각에 격려의 댓글로 응원하기

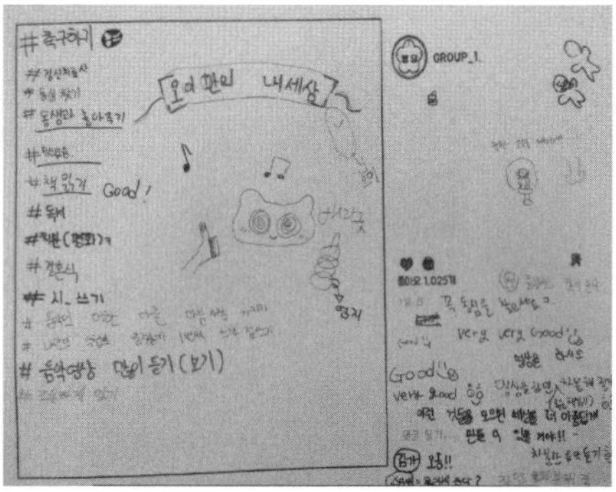

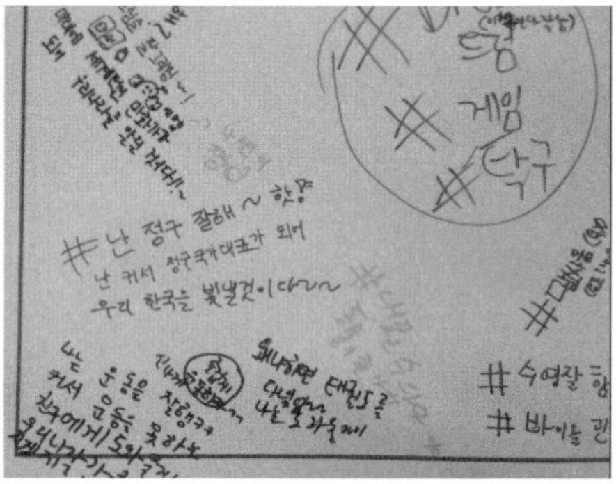

태가 만나 헝가리 무곡을 함께 연주하며 서로 마음을 여는 장면이 인상적이다.

'브람스로 소통하기' 12차시 수업 후 이야기
브람스 악보 준비, 연습, 우리들의 브람스 연주회 그리고 베토벤

- '작곡가가 한 음악을 만드는데 얼마나 고칠까?'라는 학생의 질문에서 시작한 '브람스로 소통하기' 프로젝트는 학생들의 작은 음악회로 끝을 맺었다.
- 학생들이 브람스를 알고 싶어 하고, 그의 곡을 연주하고 싶어 하는 마음을 담아 작곡가 유주환님이 학생들 수준을 고려하여 교향곡 1번의 4악장을 편곡하였다. 연습은 악보의 연습보다는 소통의 과정이었다. 교향곡 1번 중 가장 학생들이 좋아하고 연주할 수 있는 부분을 찾아내고 이 부분을 학생들이 익숙하게 하도록 소리와 놀이를 이용하였다. 악보를 읽을 때 역시 소리와 몸을 활용하였으며, 연주 악기를 선택한 후에는 서로의 소리를 들어가며 보완해야 할 점에 대하여 의논하였다. 서로의 소리를 듣고 더 아름다운 소리를 찾아가는 소통의 과정을 통해 음악이 완성되어 가는 성취감을 함께 느낄 수 있었다. 음악회를 돌아보는 시간에 브람스가 소통에 서툴다는 부분의 책 내용을 발췌하여 읽으면서 몇몇 학생들은 고개를 끄덕이며 자신을 반성하기도 했다. 그리고 한 학생은 이렇게 말했다.
  "선생님 다음에는 베토벤도 도전해요."
  브람스는 또 다른 음악가와의 소통의 시작이 되었다.

〈악보 자료〉

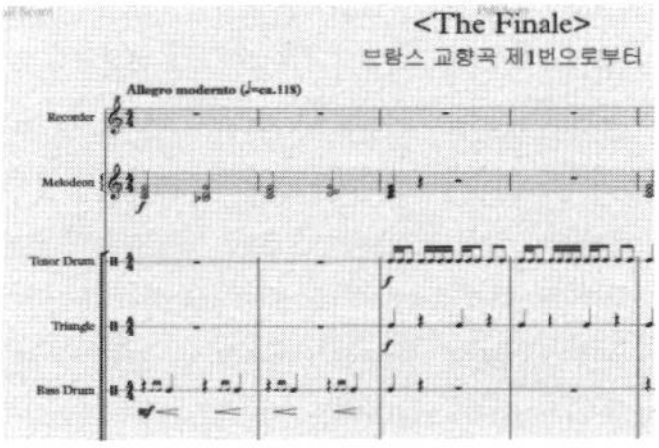

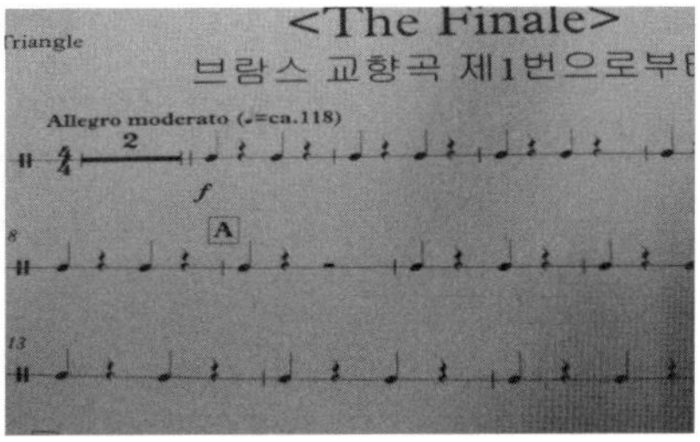

〈읽기 자료〉

브람스 수염은 까칠하기도 했을 것이다. 그 무렵에는 성격도 아주 까칠해져 있었다. 적어도 이따금은 까칠했다. 그가 특별히 좋아한 식당 이름이 '붉은 고슴도치'였다는 것도 이해가 된다. 브람스는 손님들을 반기지 않았고, 때로는 사람이 찾아가면 골방에 숨어서 집에 없는 척했다.(중략) 브람스는 작곡 의뢰를 받지 않고도 악보를 팔아 부자가 된 최초의 작곡가였지만 돈을 쓰는 방법은 몰랐다. 그는 여러 사람에게 그냥 주기도 했다. 가족에게, 젊은 음악가에게, 음악단체와 자선단체, 또 그냥 돈이 필요한 사람들에게 주었다. 그는 정말로 고슴도치처럼 겉에는 가시가 가득했지만 그 안쪽은 부드러운 사람이었다(스티븐 이셜리스((2013), 167-171).

마. 평가 계획

주제	성취기준	목표	평가내용	평가방법
브람스 만나기	[6음01-05] [6음02-01]	• 음악을 공부하는 이유를 친구들과 토의하고 발표할 수 있다.	• 음악을 공부하는 이유 토의하기	자기평가
		• 브람스 음악을 듣고 느낌을 그림과 역할극으로 표현하고, 같은 느낌과 다른 느낌을 찾을 수 있다.	• 역할극으로 표현하기	상호평가
		• 서로 다른 우리가 소통하여 브람스 음악회를 계획할 수 있다.	• 나의 음악 문화 히스토리 만들기	자기평가
브람스와 친해지기	[6음01-01] [6음01-02] [6음02-02]	• 4박자에 어울리는 리듬으로 다양한 움직임과 브람스에게 하고 싶은 한 마디를 표현할 수 있다.	• 4박자 리듬을 다양한 언어로 표현한다.	실기평가
		• 브람스 교향곡 1번 4악장 악보를 함께 읽으며 다양한 리듬과 음들이 조화를 이루는 악기 연주하는 방법을 찾아 이야기할 수 있다.	• 조화로운 음악을 만들기 위한 음악적 소통 방법 찾아 연주하기	실기평가
		• 브람스의 헝가리 무곡과 교향곡 1번을 감상하고 음악과 자신의 특징을 관련지어 보면서 다양하게 소통하는 방법을 찾을 수 있다.	• 나의 특징 및 성격과 비슷한 음악을 찾아보고 이유 이야기 나누기	상호평가
브람스 즐기기	[6음03-01]	• 브람스 음악회를 서로 협력하여 준비하고 참여한다.	• 협력하여 교실 음악회에 참여하기	수행과제
		• 브람스 음악회에 참여한 느낌을 친구들과 나눌 수 있다.	• 음악 행사에 참여한 느낌 나누기	보고서

수행 과제 예시

수행과제명	• 음악으로 통하는 우리반 브람스 음악회
목표(G)	• 브람스 음악회를 협력하여 기획하고 연주하기
역할(R)	• 연주자
대상(A)	• 관객, 옆 반 친구들
상황(S)	• 친구들과 협력하여 브람스 음악회를 개최하려고 한다. 음악실로 옆 반 친구들을 초대할 것이다. 우리가 선택한 곡을 각자 선택한 악기로 즐겁게 연습한 후 브람스 음악회에 참여한다.
수행(P)	• 브람스 음악회에 참여하기
기준(S)	• 자신에게 맞는 악보와 악기를 선택하고 친구들과 협력하여 즐겁게 준비한다. • 연습했던 곡을 최선을 다해 연주한다.

수행 과제 루브릭 개발

핵심 역량	창의적 사고 역량	심미적 감성 역량	의사소통 역량
교과 역량	음악적 창의융합 역량	음악적 감성 역량	음악적 소통 역량
내용 / 점수	음악적 표현 방법	음악을 즐기는 태도	음악과 행사
3	악곡의 특징과 분위기를 고려하여 자신의 생각과 느낌을 창의적으로 표현한다.	음악활동에 협력하여 참여하며 서로를 격려하며 즐기는 태도를 갖는다.	행사에 적극적으로 참여하고 악곡의 특징과 분위기에 어울리게 음악작품을 발표하였다.
2	악곡의 특징과 분위기를 고려하여 자신의 생각과 느낌을 자유롭게 표현한다.	음악활동에 참여하며 음악을 즐기는 태도를 갖는다.	행사에 적극적으로 참여하고 분위기에 맞게 음악작품을 발표하였다.
1	악곡에 대하여 자신의 생각과 느낌을 표현한다.	음악활동에 참여한다.	행사에 참여하고 음악작품을 발표하였다.

기타 평가 자료 수집

평가 방법	평가 내용
상호평가	• 음악을 역할극으로 표현하기 • 리듬으로 나를 표현하고 이유 발표하기 • 나의 특징 및 성격과 비슷한 음악을 찾아보고 서로의 다양한 생각 나누기
자기평가	• 나의 음악 문화 히스토리 만들기
실기평가	• 4박자에 어울리는 리듬을 언어로 표현하기 • 아름다운 음악을 만들기 위한 음악적 소통 방법 찾으며 연주하기
보고서	• 음악행사에 참여한 느낌 쓰기

과정 중심 평가 피드백 및 기록 예시

평가내용 1: 역할극으로 표현하기

피드백의 예 "연주자가 정성스럽게 악보를 다듬고 만들어 제시하면, 우리는 악보 넘어 어떤 의미가 있는지 자유롭게 상상할 수 있어요. 악곡을 가족의 상황으로 잘 표현해 주었네요. 특히 악곡의 어떤 점을 표현하고 싶었던 것인지 말해봅시다."

평가내용 2: 협력하여 브람스 음악회에 참여하기

피드백의 예 브람스 교향곡 1번이 어려운 곡이었는데 끝까지 완성해서 자랑스럽구나. 큰 북을 치면서 작은 북을 치는 친구의 리듬을 도와주는 모습이 인상적이었어요. 음악을 들은 친구들이 여러분의 음악소리에 행복해 하는 것을 느꼈나요?"

기록 및 통지의 예

브람스 교향곡 1번 4악장의 한 부분을 역할극으로 표현하는 과정에서 친구들과 다양한 생각을 나누고, 친구들과 협력하여 역할극으로 창의적으로 표현하고 셈여림과 빠르기의 요소로 곡을 설명하였음. 우리반 브람스 음악회에 즐겁게 참여하여 함께 한 친구들에게도 좋은 영향을 미침.

〈부록, 9~10차시 학습자료〉

제목	헝가리 무곡	교향곡 1번 4악장
1. 작곡자	브람스	
2. 음악을 듣고 그림으로 표현해보셔요		
3. 느낌이 어떤가요?		
4. 음악을 나와 비교해보셔요		
5. 이러한 특성을 가진 내가 세상을 아름답게 만들기 위해 할 수 있는 일은 무엇일까요?		

〈참고문헌〉

- 교육부(2015). 2015 개정 교육과정. 교육부.
- 스티븐 이설리스(2013). 클래식의 괴짜들 2. 고정아(역), 비룡소.
- 허정미·천은영·최춘지·김민하·송지형·정구명·오승희(2018). 음악5－6 지도서. 지학사.

〈참고 사이트〉

- 국가 교육과정 정보센터, http://ncic.go.kr
- 네이버 지식백과, https://terms.naver.com.

Ⅲ

교육과정 재구성의 실제 II
(교과 간 재구성 또는 주제 중심 재구성)

01

독서교육: 토론으로 더 깊고 넓게 읽어요

가. 재구성의 필요성
-깊이 생각하며 한 권 읽기

이 글은 국어 교과 내 재구성이다. 5학년 2학기 독서 단원과 5학년 2학기 6단원 '타당성을 생각하며 토론해요'를 재구성하여 '책을 읽고 토론하며 생각을 나누어요'로 묶었다.

5-2		5-2-6		재구성
독서 단원	+	타당성을 생각하며 토론해요	=	책을 읽어요, 토론으로 더 깊게 더 넓게 읽어요

독서단원은 읽고 생각을 나누고 표현하는 통합적인 독서교육을 강화하기 위한 취지로 설정되었으며, 학생의 독서능력 향상과 함께 독서 태도 증진과 독서 습관 지속을 목적으로 한다. 따라서 '한 학기 한 권 읽기'를 통해 독서 전략을 익히고 생각하는 힘을 기르며 다양한 생각을 나눔으로써 미래 사회 핵심역량을 함양한 '창의융합형' 인재양성을 추구한다.

5학년 2학기 6단원의 '타당성을 생각하며 토론해요' 단원은 토론 담화의 특성을 이해하고 토론하는 방법을 익힌 뒤에 학생들이 토론 주제를 정해 실제로 토론해보는 것이 목표다. 즉 이 단원의 활동을 통해 학생들은 문제를 합리적으로 해결하고 대안을 모색하는 논리적이고 비판적인 사고 능력을 기를 수 있으며, 상대의 의견을 존중하는 태도를 기를 수 있다.

다양한 요인들로 복잡하게 얽인 정보사회에서 문제를 해결하기 위해서는 보다 폭넓은 지식이 필요하다. 독서는 복잡한 사회를 이해할 수 있는 좋은 방법이며 토론은 그 문제들을 해결하거나 협업을 위해서 절실히 요구되는 능력이다. 따라서 독서 활동을 통해 생각의 힘을 기르고, 토론을 통해 비판적인 사고를 확장시키는 측면에서 독서와 토론 단원은 '독서토론' 재구성하는 것이 효율적이다.

나. 교육과정 분석

국어교육과정에서는 국어로 이루어지는 이해·표현 활동 및 문법과 문학의 본질을 이해하고, 의사소통이 이루어지는 맥락의 다양한 요소를 고려하여 품위 있고 개성 있는 국어를 사용하며, 국어 문화를 향유하면서 국어 발전과 국어 문화 창조에 이바지 하는 능력과 태도를 기르는 것을 목표로 한다.

1) 국어과 교육 목표 분석

	교과 목표	목표의 이해
국어과	• 다양한 유형의 담화, 글, 작품을 정확하고 비판적으로 이해하고 효과적이고 창의적으로 표현하며 소통하는데 필요한 기능을 익힌다. • 듣기, 말하기, 읽기, 쓰기 활동 및 문법 탐구와 문학 향유에 도움이 되는 기본 지식을 갖춘다.	• 국어는 도구교과다. 의사소통을 하기 위해서는 말을 하거나 글을 통해 의사를 표현하고, 그것을 이해하기 위해서는 문자를 해독할 수 있어야 한다. 이러한 것들을 종합적으로 할 수 있는 것이 독서토론활동이다. • 즉, '독서토론 활동'은 다양한 글을 읽으며 폭넓은 지식을 습득할 수 있고 독해 능력을 배양시킬 수 있다. 또한 다른 사람들과 생각이나 느낌을 나누는 활동을 통해 논리적으로 말하는 방법을 얻을 수 있으며 비판적이고 확산적인 사고력을 고양시킬 수 있다.

2) 관련 성취기준 분석

독서 단원은 국어과의 읽기와 문학 영역이 중심이 되고, 토론 단원은 말하기·듣기 영역이 중심이 된다. 독서 단원과 토론 단원을 결합시켰을 때는 독서에서의 읽기, 문학 중심의 성취기준과 토론에서의 듣기·말하기 중심의 분절적 성취 기준을 넘어선다.

즉, 스스로 자료를 찾아 읽게 되고 자료를 요약하거나 상대방의 주의주장에 맞서기 위한 전략수립 시 요소에 따른 단락을 지어 말할 수 있게 된다. 또한 흥미와 나눔을 통해 집단 지성으로서 확장된 지식과 내면화까지 이루어낼 수 있다.

주제	성취기준
(독서단원) 책을 읽고 생각을 나누어요	[6국02-01] 읽기는 배경지식을 활용하여 의미를 구성하는 과정임을 이해하고 글을 읽는다. [6국02-03] 글을 읽고 글쓴이가 말하고자 하는 주장이나 주제를 파악한다. [6국02-05] 매체에 따른 다양한 읽기 방법을 이해하고 적절하게 적용하며 읽는다. [6국06-02] 작품에 대한 이해와 감상을 바탕으로 하여 다른 사람과 적극적으로 소통한다.
6. 타당성을 생각하며 토론해요	[6국01-01] 구어 의사소통의 특성을 바탕으로 하여 듣기 · 말하기 활동을 한다. [6국01-03] 절차와 규칙을 지키고 근거를 제시하며 토론한다. [6국01-04] 자료를 정리하여 말할 내용을 체계적으로 구성한다. [6국01-05] 드러나지 않거나 생략된 내용을 추론하며 듣는다.

다. 재구성 수업 설계

1) 프로젝트학습 계획

본 재구성에서는 아래 표와 같이 프로젝트 학습 단계(미래역량 핵심가치 함양을 위한 프로젝트 단계, 이수영, 서울교대, 2019)를 거친다. 독서단원에서의 프로젝트와 토론단원에서의 프로젝트로 이원화 시켜 두 개의 프로젝트 학습을 실행한다.

단계	프로젝트 준비하기	탐구 과제 계획하기	과제 해결하기	발표 · 평가 · 성찰
【독서 단원】 활동 내용	• 학급 독서용 도서 선정	• 책 읽기 • 질문 뽑고 답하는 방법 계획 세우기	• 내용 파악 • 경험, 느낌 나누기 • 질문하기 • 질문의 답 찾기	• 발표하기 • 가장 마음에 드는 답 선정하기 • 내면화하기
【토론 단원】 활동 내용	• 토론절차와 방법 알기	• 학급 도서를 읽고 독서토론에 적합한 방법 찾기 • 토론 팀 나누기 • 토론에서 역할 나누기 • 자료 탐색하기	• 토론하기 • 판정하기 • 생각 나누기	• 심화활동으로 학생중심선택 의견 나누기 • 개별 활동하기 • 발표 및 평가하기

2) 교수·학습 재구성 세부 내용

기존		
단원	차시	차시별 학습 활동
(독서단원) 책을 읽고 생각을 나누어요	1-2	• 읽을 책 정하기 • 내용 예상하기
	3-6	• 궁금한 점을 떠올리며 책 읽기 • 책 읽고 질문 떠올리기
	7-8	• 책 내용 간추리기 • 생각 나누기
6. 타당성을 생각하며 토론해요	1-2	• 토론이 필요한 경우 알기
	3-4	• 글을 읽고 근거 자료의 타당성 평가하기
	5-6	• 토론 절차와 방법 알기
	7-8	• 주제를 정해 토론하기
	9-10	• 글을 읽고 독서토론하기
총 차시	18차시	

⬇

재구성		
주제	차시	차시별 학습 활동
학급 독서 책 선정	1-2	• 자기가 좋아하는 책 소개하기 • 친구들이 소개하는 책 읽고 마음에 드는 책에 스티커 붙이기 • 학급 독서 책 선정하기(토론)
책 읽기	3-4	• 책 읽기(영상 작품 보기) • 모르는 낱말 표시하기 • 감동 받은 부분 줄치기 • 핵심 낱말 찾아 빙고게임 하기
내용 파악, 경험, 느낌 나누기	5-6	• 책 읽기(영상 작품 보기) • 질문에 따른 내용 확인하기 • 전체 줄거리 정리하기 • 경험과 느낌 나누기
질문하고 생각나누기	7-8	• 개인 질문 만들기 • 모둠 질문 만들기 • 모둠 질문에 생각 나누기
토론절차와 방법 알기	9-10	• 토론 절차와 방법이 필요한 이유 알기 • 토론의 절차와 방법 알기 • 간단한 토론 해보기
토론하기(1)	11-12	• 토론 주제 선정하기 • 주제에 맞는 질문 만들기 • 토론 방법과 절차 정하기 • 주제에 맞는 토론하기 • 판정하기
책 수다	13-16	• 가장 감명 깊게 읽은 책에 대해 소개하기 • 주제나 인물, 작가 등에 대해 이야기, 감상평 나누기 • 학생선택활동으로 자유롭게 책과 관련지어 활동하기

라. 재구성 수업의 실제

1) 수업 흐름의 개요

주제	학급 독서 책 선정하기	차시	1-2	학습지	활동지(1)
1) 자기가 좋아하는 책 소개하기('이 책 어때요?') 2) 북 카페 만들기 3) 친구들이 소개하는 책 읽고 마음에 드는 책에 스티커 붙이기 4) 학급 독서 책 선정하기					

⬇

주제	책 읽기	차시	3-4	학습지	활동지(2)
1) 책 읽기(영상 작품 보기) 3) 감동 받은 부분 줄치기			2) 모르는 낱말 표시하기 4) 핵심 낱말 찾아 빙고게임하기		

⬇

주제	내용 파악하고 느낌 나누기	차시	5-6	학습지	활동지(3)
1) 책 읽기(영상 작품 보기) 3) 전체 줄거리 정리하기			2) 질문에 따른 내용 확인하기 4) 경험과 느낌 나누기		

⬇

주제	질문하고 생각 나누기	차시	7-8	학습지	활동지(4)
1) 개인질문 만들기 3) 모둠 질문에 생각하기			2) 모둠 질문 4) 생각 나누기		

⬇

주제	토론절차와 방법 알기	차시	9-10	학습지	없음
1) 토론 절차와 방법이 필요한 이유 알기 3) 간단한 토론 해보기			2) 토론의 절차와 방법 알기		

⬇

주제	토론하기	차시	11-12	학습지	활동지(5), (6)
1) 토론 주제 선정하기 3) 토론 방법과 절차 정하기 5) 판정하기			2) 주제에 맞는 질문 만들기 4) 주제에 맞는 토론하기		

⬇

주제	책 수다(학생선택활동)	차시	13-16	학습지	없음
1) 읽은 책 중에서 감명 깊은 책을 친구와 나누기 2) 책과 관련하여 더 해보고 싶은 일 의견 나누고 정하기 3) 각자 하고 싶은 방법으로 선택 활동하기			4) 선택 활동 결과물 발표하고 나누기		

2) 수업 사례

1~2차시

#학급도서 선정 #책 #북 카페 #독서

성취기준	[4국02-05] 읽기 경험과 느낌을 다른 사람과 나누는 태도를 지닌다.

학습목표	다양한 책들을 경험하고 학급독서 책을 선정할 수 있다.

❙ 수업자료

- 테이블보, 학습지(책 소개용 학습지), 테이블 꾸밀 것, 색연필, 개인 추천도서, 학습지 꾸밀 싸인펜, 학생 이동하기 쉬운 책상 배치 등

❙ 수업의 초점

- 한 학기 한 권 읽기 학습에서 교사들이 가장 어려워하는 부분은 '학급독서용 책 선정'이다. 교사 임의로 책을 정할 것인지, 학생들의 의사를 반영하되 어떻게 반영할 것인지 등 고민이 크다. 이 수업에서는 학생중심활동으로 학급독서 책을 선정하는 방법을 고안하여 재구성 해보았다.

❙ 활동

활동1) 자기가 좋아하는 책 소개하기
- 자기가 좋아하는 책 발표하기
- '이 책, 어때요?' 학습지(1) 하기
  - 학급독서 추천용 도서로 감명 깊게 읽은 책을 학습지에 소개하기
  - 책 제목, 작가, 인상 깊은 장면의 그림, 감명 깊었던 글 등으로 구성하기

활동2) 북 카페 만들기
- 모둠 자리를 북 카페로 만들기
  - 테이블보, 꽃, 장식 등으로 책상을 붙여 북 카페로 꾸미기

활동3) 친구들이 소개하는 책 읽고 마음에 드는 책에 스티커 붙이기
• 활동 설명하기
  - 스티커 나누어주기(1인당 두 가지 색으로 10개씩)
• 북 카페를 자유롭게 돌아다니며 책 소개 학습지와 실제 책 살펴보기
• 마음에 드는 책과 활동지에 스티커 붙이기(동료 과정 중심 평가로 활용)

활동4) 토론을 통한 학급 독서 책 선정하기
• 자리 정돈하기
• 가장 많은 스티커를 받은 책 3권을 학급 독서용 도서 후보로 선정하기
• 3권에 대해 가장 적합한 이유를 들어 토론하여 학급 독서용 도서 선정하기

▣ 활동지(1)

이 책, 어때요?

( )학년 ( )반 이름(   )

책 제목			
대표적인 장면 또는 인상적인 장면		지은이	
		등장인물	
		출판사	
줄거리 (내용)			
추천 이유			
포스터 완성도 (초록 스티커)		학급도서 적합도 (파란 스티커)	

▣ 〈이 책, 어때요?〉 학습 활동 결과물

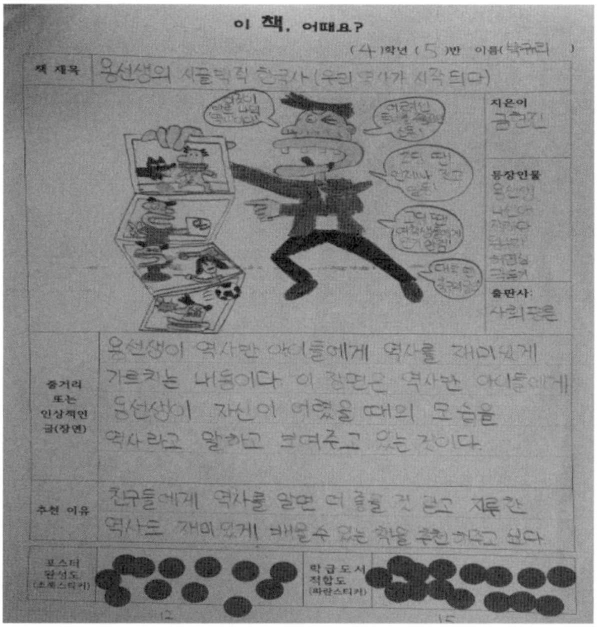

〈스티커는 상호 평가로 붙여준 것〉

▣ 〈북 카페 활동〉

• 추천 책과 책 소개 학습지

- 학급 독서 도서를 소개하는 학습지와 실제 책을 세트로 책상 위에 올려놓음.
- 소개 글의 부족함은 실제 책을 살펴봄으로써 해소

• 북 카페 꾸미기
- 교실의 책상 위에 전시하는 것보다 요즘 트렌드인 북 카페처럼 책상을 예쁘게 꾸며서 교실 분위기를 바꾸어 줌
- 테이블보와 꽃, 좋아하는 인형 등으로 꾸며서 북 카페 분위기를 조성함

• 북 카페에서 책 읽기
- 자유롭게 북 카페를 돌며 실제 책과 그 책을 소개한 학습지 살펴보기
- 북 카페 코너를 책의 내용에 따라 분류하여 카페를 꾸며도 좋으나 그럴 경우 남자 아이들은 과학이나 역사쪽에 몰리는 경우가 많으므로 분류하지 않는 것이 다양한 책을 살펴보는 데 도움이 됨

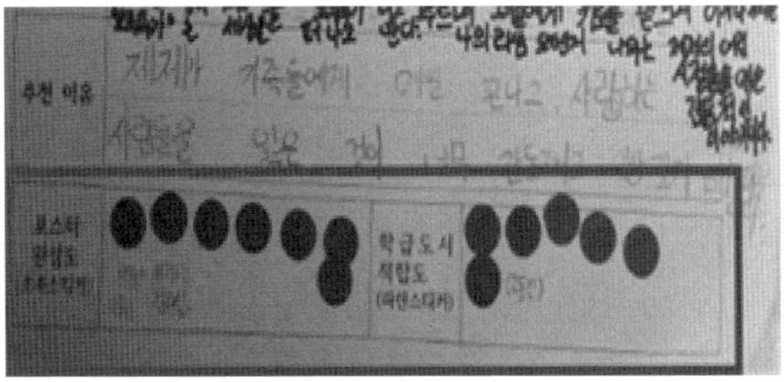

• 학습지와 책을 읽으며 스티커 붙이기
- 소개 글을 잘 쓴 것(파랑색)과 학급 독서 책(초록색)이 적당하다고 생각하는 것에 스티커 붙여주기
- 스티커는 1인당 파랑색 10개, 초록색 10개 나눠주고 붙이게 하기
- 스티커 개수는 조절 가능

3~4차시

#책읽기(독서) #낱말 #핵심어 #빙고게임

성취기준	[4국05-05] 재미나 감동을 느끼며 작품을 즐겨 감상하는 태도를 지닌다.

학습목표	책을 읽으며 모르는 낱말이나 핵심어를 찾을 수 있다.

수업자료

- 학급 도서 또는 간추린 동영상(유튜브 활용), 학습지, 빙고게임용 색 구분할 수 있는 펜(여러 번 빙고게임을 하려면 매번 다른 색으로 표기해야 하므로), 교사용 빙고카드(또는 선정된 낱말)

수업의 초점

- 독서 단원에서 책읽기 활동은 대부분 개별 활동으로 책만 읽는 경우가 대부분이다. 한참을 읽다보면 집중도가 떨어져 책을 건성으로 읽게 되는데, 이런 상황을 경계하고 책 읽기 활동에서 집중도를 높이기 위해 구체적인 활동을 제시한다. 가령, 모르는 낱말이나 인상 깊었던 장면을 줄 치거나 찾아 쓰기, 주제어나 핵심어 또는 내용의 중심이 되는 낱말들을 빙고판에 적어 넣게 한다.
- 빙고판에 낱말을 적으며 게임을 할 것이라는 기대감에 아이들의 집중도가 높아져 지루함이나 졸림을 방지할 수 있다.

활동

활동1) 책 내용 추론하기
- 책 읽기 전에 어떤 내용인지 생각하기
- 이전에 학급 독서용 도서를 읽은 아이들은 인상적인 장면 찾기에 중점 두어 읽게 하기

활동2) 책 읽으며 모르는 낱말, 핵심어, 인상적인 장면 찾기

- 모르는 낱말 표시하기
- 핵심어 찾아 빙고 판에 써넣기
- 인상적인 장면 밑줄 긋기

활동3) 모르는 낱말, 인상적인 장면 이야기 나누기

- 모르는 낱말 뜻 풀이하기
- 인상적인 장면과 그 이유에 대해 이야기 나누기

활동4) 핵심어 빙고 게임하기

- 핵심어, 주제어, 중요한 낱말 등을 찾아 빙고 칸 채우기
- 빙고게임 하기
  - 처음에는 이야기 순서대로 낱말을 불러서 이야기의 흐름을 따라가게 하기
  - 그 다음부터는 이야기의 흐름과 상관없이 낱말 부르기
  - 빙고를 외친 학생은 그 낱말을 활용하여 짧은 글 짓기

▣ 활동지(2) –독서빙고놀이

꽃들에게 희망을

( )학년 ( )반 이름( )

[읽기 전 활동]

1. 「꽃들에게 희망을」이라는 책 제목을 보고 어떤 내용을 추론할 수 있나요?

[읽는 중 활동]

2. 이야기를 읽는 중 모르는 낱말을 적어보세요.

모르는 낱말	낱말 뜻(함께 찾아봅시다)

3. 이야기를 읽고 떠오르는 낱말을 적어보세요(다 적은 후 빙고게임)

5~6차시

#내용 파악 #경험 · 느낌 나누기 #줄거리 간추리기

성취기준	[4국02-02] 글의 유형을 고려하여 대강의 내용을 간추린다.

학습목표	이야기의 줄거리를 간추릴 수 있다.

학습준비

- 영상 작품, 학습지

수업의 초점

- 줄거리를 간추리기란 반복적으로 충분히 훈련이 되지 않으면 성인들도 하기 어려운 일이다. 학생들에게 줄거리를 간추리라 하면 어디서부터 어떻게 정리해야 하는지, 중요한 부분이 빠지지는 않았는지 몰라 짜증내는 경우가 많다.
- 따라서 줄거리 간추리기는 시작부터 끝까지 이야기 흐름에 따라 작은 질문부터 답하는 연습을 통해 점차 전체 줄거리로 확장시켜 간추릴 수 있도록 질문 중심의 학습지로 재구성하였다.

활동

활동1) 책 읽기(영상 작품 보기): 책 전체를 훑어 보기엔 시간이 오래 걸리므로 짧게 정리된 동영상을 활용한다.

- 책 내용 상기하기
  - 동영상 시청하기 전에 학습지의 질문 내용 살펴보며 시청 관점 확인하기
  - 6분용 동영상 시청하며 학습지의 질문 내용에 메모하기
  - 동영상 시청 후 질문에 답 쓰기

활동2) 질문에 따른 내용 확인하기

- 모둠별로 질문 내용에 답 확인하기
  - 돌아가며 질문에 답하고 확인하기
  - 의견이 다를 경우 토의를 통해 답 찾기
- 전체 활동에서 정답 확인하기

활동3) 전체 줄거리 정리하기

• 이야기의 시작-가운데-끝 부분으로 흐름을 따라가며 간추리기
• 줄글이 아니더라도 마인드 맵 등을 활용하여 정리 가능

활동4) 경험과 느낌 나누기

• 이야기를 반복하여 읽고, 줄거리를 간추려 느낌이나 생각을 자신의 경험과 관련지어 이야기 나누기
• 줄거리 정리에서 빠진 곳이나 미흡한 부분은 조언해주기

▣ 활동지(3)

꽃들에게 희망을

( )학년 ( )반 이름( )

[읽는 중 활동]

이야기의 줄거리를 확인해보세요.

호랑이애벌레는 왜 나무에서 내려왔나요?	
애벌레기둥 속으로 들어가자 어떤 일이 일어났나요?	- -
기둥에서 내려온 애벌레는 어떠했나요?	처음: 나중:
애벌레 고치가 해준 말은 무엇인가요?	
둘이 있는 것이 지겨워진 노랑 애벌레와 호랑애벌레는 각각 어떤 삶을 선택했나요?	-노랑 애벌레 -호랑 애벌레
다시 땅에 내려온 호랑애벌레는 노랑나비를 만나서 어떤 삶을 택했나요?	

[읽은 후 활동]

전체 이야기 줄거리를 정리해보세요.

7~8차시

#좋은 질문 #질문 만들기 #토론 # 생각나누기

성취기준	[4국05-05] 재미나 감동을 느끼며 작품을 즐겨 감상하는 태도를 지닌다.

학습목표	• 작품을 읽는 중 개인 질문을 만들고 모둠원들과 이야기를 나눌 수 있다. • 모둠 대표 질문에 대하여 생각해보고 토의를 통해 다른 사람의 생각을 공유할 수 있다.

학습준비

- 활동지, 모둠형 좌석 배치, A4종이, 칠판 자석

수업의 초점

- '한 학기 한 권 읽기'는 좀 더 깊게 읽고 스스로 생각하는 힘을 길러주는 독서활동을 보완하기 위해서다. 따라서 독서 단원에서는 단순히 내용 파악과 줄거리 요약하기에만 머무는 것이 아니라 질문을 통해서 답을 구하고 친구들과 토론을 통해 사고를 확장시키는 활동이 필요하여서 개인 질문, 모둠 질문 그리고 전체 토론하기로 재구성하였다.

활동

활동1) 좋은 질문에 대해 알기

- '좋은 질문이란 무엇인가?'알기

활동2) 개인 질문 만들기

- 책을 읽는 중에 모르는 것이나 궁금한 것, 좀 더 생각해보고 싶은 것을 질문지에 적기

활동3) 모둠질문 만들고 토론하기

- 개인 질문지를 돌려가며 읽고 평가하기(☆표에 색칠하기)
- ☆표를 제일 많이 받은 것을 모둠 질문으로 뽑고 모둠원이 서로 이야기 나누기

활동4) 모둠 대표 질문에 대하여 생각해보고 전체 토론하기

- 모둠에서 뽑은 '대표 질문지'를 칠판에 붙이고 질문 내용 살펴보기
- 각 질문에 대해 각자 A4종이를 6칸 접어서 질문별로 답 쓰기
- 모든 학생의 답지를 전체 학생이 돌려 읽고 잘 쓴 학생에게 자신의 이름을 적어 추천 표시 해주기
- 각 질문에 대하여 가장 많은 추천인이 있는 학생의 답지가 우수 답지로 선정됨
- 모범이 되는 답지를 쓴 학생은 그렇게 쓴 이유를 이야기하고 그것에 대하여 전체 학생들과 토론하는 시간을 가짐

▣ 활동지(4)

꽃들에게 희망을

( )학년 ( )반 이름( )

토론을 위한 질문 만들기

좋은 질문이란?

1. 다양한 답이 나오는 질문
2. 할 이야기가 많은 질문
   -아이들과 관련된 내용으로 어린이 문화에 맞는 질문이어야 한다.
   -아이들에게 관심이 있는 질문이어야 한다.
   -아이들에게 수준이 맞는 질문이어야 한다.
3. 토론을 하고 싶게 만드는 질문
   -다른 친구의 생각을 듣고 싶은 질문이어야 한다.
   -아이들에게 재미와 호기심을 주는 질문이어야 한다.
4. 토론할 가치가 있는 질문

1) 개인 질문 만들기

순	질문 내용	평가	
		이름	별점
1			☆☆☆☆☆
			☆☆☆☆☆
			☆☆☆☆☆
2			☆☆☆☆☆
			☆☆☆☆☆
			☆☆☆☆☆
3			☆☆☆☆☆
			☆☆☆☆☆
			☆☆☆☆☆

2) 모둠질문 정하기

▣ 활동 결과물

〈모둠별 대표 질문〉

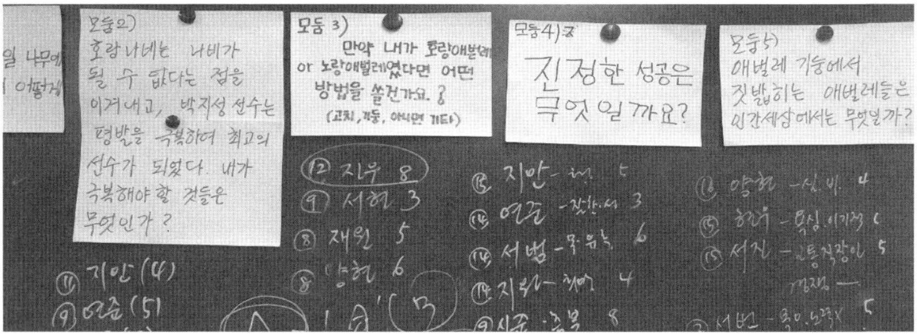

- 모둠별 질문을 A4종이에 크게 뽑아 전체 아이들이 보이게 붙임
- 밑에 있는 이름은 그 질문에 답을 잘 한 아이들의 이름

〈모둠별 질문에 답 쓰기〉

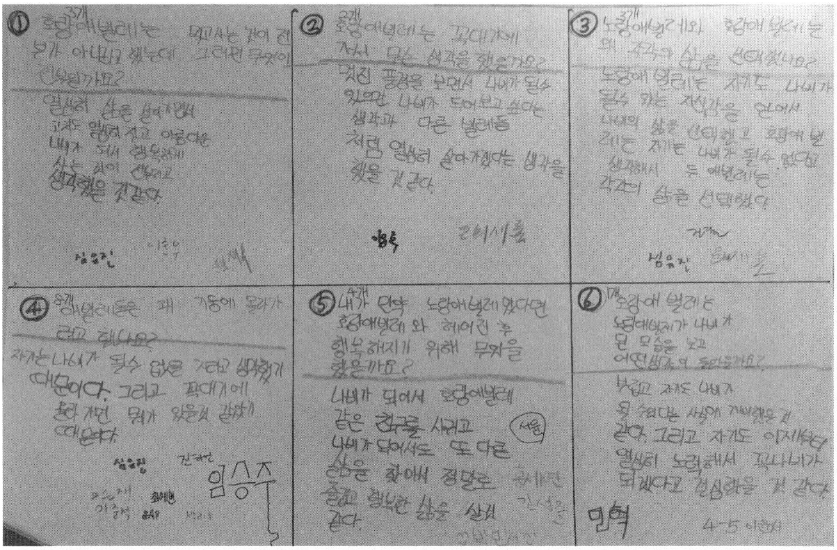

- A4종이를 6칸으로 나눈 뒤, 모둠 대표 질문 6개에 대하여 각자 답을 쓴다.
- 답지는 전체 학생에게 돌려가며 읽게 하고 답이 마음에 들면 읽는 이의 이름을 적게 하여 추천인 이름을 가장 많이 받은 학생이 우수 답변자가 된다.
- 모둠 대표 질문에서 전체 질문을 뽑은 뒤 그것으로 토론을 하지 않고, 모둠 대표 질문에 전체 학생이 답을 하게 하는 이유는 모둠 질문 중 좋은 질문들이 전체 질문지로 1개만 뽑히면서 사장되는 것이 불합리하다고 생각했기 때문이다.

9~10 차시

#협력 수업 #토의 #토론 #토론 절차

성취기준	[6국01-03] 절차와 규칙을 지키고 근거를 제시하며 토론한다.

학습목표	토론의 절차와 방법을 알고 이를 지켜 간단한 토론을 할 수 있다.

학습준비

- 음식 이름을 적을 A4종이, 자석

수업의 초점

- 토론 수업이 협력 수업으로 가장 좋은 방법 중의 하나라는 것은 누구나 안다. 그러나 막상 토론수업을 해보려면 준비할 것도 많고 아이들을 훈련시켜야 하는 부분도 많아서 해보기도 전에 지치는 경우가 많다.
- 이 수업에서는 토론을 위한 주제 선정과 논제 만들기 연습과 간단한 입문용 토론 수업을 해볼 것이다. 입문용 토론 수업의 논제는 '우리반 아이들이 가장 좋아하는 음식 정하기'로 해서 누구에게도 진입 장벽이 없는 '음식'으로 토론의 맛을 보게 하고자 한다.

활동

활동1) 토론 절차와 방법이 필요한 이유 알기
- 일상생활 속에서 토론이 필요한 경우 이야기 나누기
  - '운동장에 쓰레기를 줄이는 방법', '학교에서 인사말로 좋은 것은?' 등
- 토론할 때 주의할 점 이야기 나누기

활동2) 근거 자료의 타당성 알기
- 제시된 글을 읽고 오류 찾기 연습(5-2, 국어교과서 216-217쪽)
- 근거 자료의 요건 알아보기(글의 주제에 맞는 자료인가, 주장을 뒷받침하는 근거인가 등)

활동3) 토론 절차와 방법 알기

- 절차: 주장 펼치기 → 반론하기 → 주장 다지기
- 방법: 찬반토론의 경우 찬성측과 반대측 나누기, 사회자 정하기, 판정단 정하기, 주장 펼치는 방법 이야기 나누기 등
- 토론 시 주의할 점: 논제에 맞는 주의·주장하기, 주장에 적합한 근거 내세우기, 상대방의 말 경청하기, 발언권을 얻어 이야기하기, 감정적인 토론이나 인신공격 하지 않기 등

활동4) 간단한 토론 해보기

- 주제: 우리반 아이들이 가장 좋아하는 음식은?
- 선정 방법: 토론을 통한 토너먼트 식 뽑기
- 방법: ① A4종이에 아이들이 좋아하는 음식 16개 정도를 적어 2개씩 짝지어 칠판에 붙인다.
  ② 4강까지는 거수로 좋아하는 음식을 토너먼트로 올린다. 이때 표 차이가 3표 이하일 경우에는 토론을 벌인 후 다시 거수하여 토너먼트로 올린다.
  ③ 4강부터는 치열하게 토론을 벌인 후 가장 좋아하는 음식을 뽑는다.

■ **활동 결과물**

〈좋아하는 음식 월드컵 토론〉

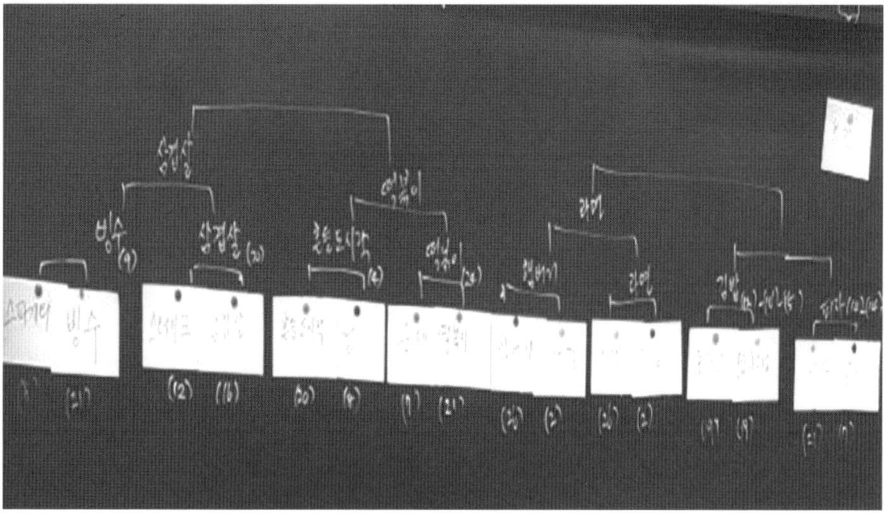

① 음식을 주제로 토론을 붙이면 전체 아이들이 흥미를 가지고 전원 참여하기가 좋다. 음식은 누구든지 경험한 것들이기에 누구도 소외되지 않고 진지하게 토론에 임할 수 있게 된다.

② 제일 밑 칸에는 아이들이 불러주는 음식 가운데 재청을 받은 음식을 적는다.

③ 이때 막강한 경쟁 음식은 다른 칸으로 이동하여 경쟁을 분산시켜 8강이나 4강에서 경쟁할 수 있게 한다.

④ 3표 이하로 차이가 날 경우에는 토론을 시킨 후 다시 거수하면 결과가 바뀌는 경우가 있다.

11~12 차시 토론하기

#토론 주제 #논제 #작전 타임

성취기준	[6국01-03] 절차와 규칙을 지키고 근거를 제시하며 토론한다. [6국01-04] 자료를 정리하여 말할 내용을 체계적으로 구성한다. [6국01-05] 드러나지 않거나 생략된 내용을 추론하며 듣는다.

학습목표	학급 독서활동과 관련된 주제를 정하여 토론을 할 수 있다.

학습준비

- 학급도서, 토론용 좌석배치, 푯말(찬성측, 반대측, 판정단), 개인 조사 자료

수업의 초점

- 토론 방식은 경쟁식이냐 비경쟁식이냐에 따라 다양한 방식이 있다. 협력적 수업에서는 비경쟁식 토론을 종용하고 있으나 주제에 따라 경쟁식 토론으로 할 것인지, 비경쟁식 토론으로 할 것인지가 달라진다.
- 이 수업에서는 '경쟁이 나의 삶을 성공적으로 이끌어줄까?'라는 논제에 맞게 경쟁식 토론인 찬반토론을 선택했다. 절차가 다소 복잡해보이나 그 과정을 칠판에 명시해놓고 진행하면 무리 없이 토론 수업을 할 수 있다.

활동

활동1) 토론 주제 정하기
- 포스트 잇을 활용하여 모든 학생이 토론 주제를 정해 칠판에 붙이기
- 주제 중 가장 많이 나온 것 세 가지를 골라 학생들의 거수로 선정하기

활동2) 주제에 맞는 질문 만들기
- 주제가 정해지면 그에 맞는 논제를 정하기 위해 모둠별로 협의하여 질문 만들기
- 모둠 질문 중 가장 많은 선택을 받은 논제로 학급토론 논제 정하기

활동3) 토론 방법과 역할 정하기
- 다양한 토론 방법 중 학생의 의견을 물어 토론 방법 정하기
- 토론을 위한 찬성과 반대 입장 구분하기
- 찬성 측과 반대 측에서 입론, 반론, 자료 조사 등 역할 나누기
- 사회자와 판정단 뽑기

활동4) 토론 및 판정하기
- 토론 규칙 설명하기
- 절차에 맞춰 토론 진행하기
- 토론이 끝난 후 판정단의 결과 발표하기

활동5) 자기 성찰 및 소감 나누기
- 판정 결과에 따른 축하와 격려하기
- 토론 소감 나누기
- 교사의 피드백

▣ 활동 과정과 결과물

<table>
<tr><td rowspan="2">논제 정하기</td><td>
겹쳐서 붙이는 경우</td><td>

꼬리에 꼬리 붙이는 경우</td></tr>
<tr><td colspan="2">〈포스트잇을 활용하여 논제 정하는 법〉
• 논제로 정하고 싶은 것을 각자 포스트잇에 적은 후 칠판에 붙인다.
• 칠판의 포스트잇 내용을 살펴보고 같은 내용일 경우에는 꼬리에 꼬리를 물듯이 붙이거나 겹쳐서 붙인다.
• 이럴 경우, 학생들은 다른 논제들을 읽어보며 이어붙이기를 하면서 가장 많이 나온 논제를 한 눈에 살펴볼 수 있다.</td></tr>
<tr><td>주제 선정

좌석 배치</td><td>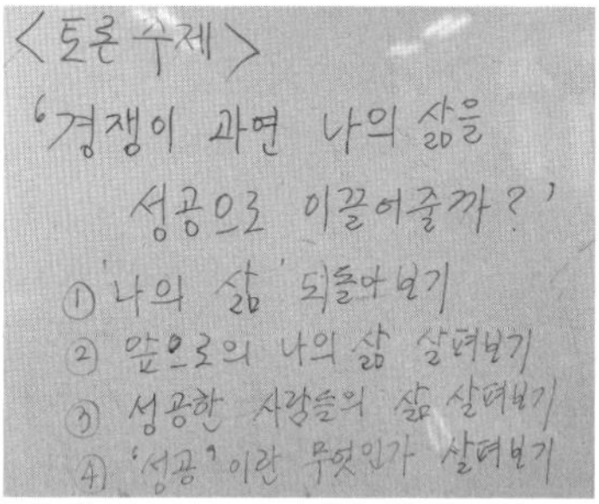

• 논제는 '경쟁이 과연 나의 삶을 성공으로 이끌어줄까?'로 정한다.
• 학생들이 논제를 어려워하면 자신의 삶과 관련지어 생각해보라고 힌트를 준다.</td><td>
〈토론형 좌석 배치〉
• 디귿자형
• 서로 마주보고 찬성과 반대측 앉기
• 뒤쪽으로 판정단 좌석</td></tr>
<tr><td rowspan="2">찬성 반대 입장 정하기</td><td></td><td>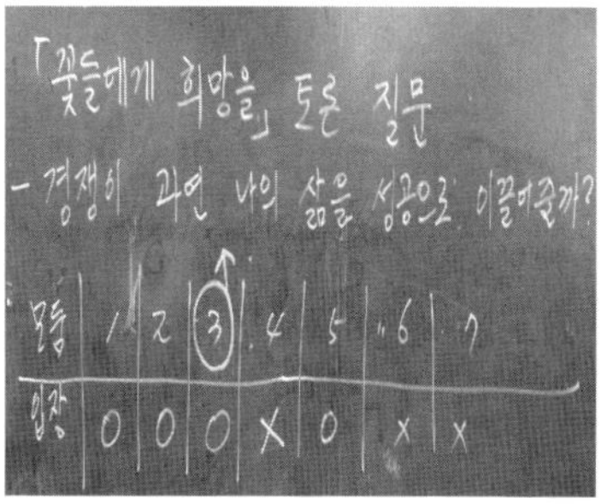
</td></tr>
<tr><td>• 모둠에서 협의하여 찬성 입장과 반대 입장 정하기</td><td>• 찬성 입장(4팀), 반대 입장(3팀)으로 나누어짐</td></tr>
</table>

▣ 토론 활동 과정

사전 협의	찬성측·반대측
토론 순서 확인	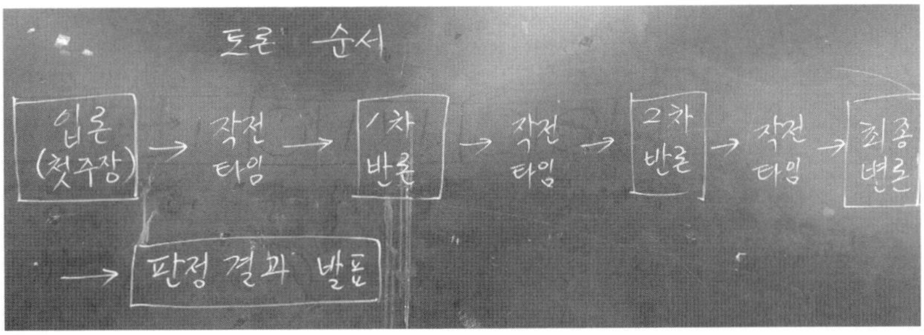
토론 진행	
최종 변론	찬성측·반대측 최종 변론
판정 및 결과 발표	판정 결과 발표

▣ 〈활동지〉(5)

논제: 경쟁이 없는 삶은 성공할 수 있을까?

(　　)학년 (　　)반 이름(　　　　　　)

1. 찬반 토론 단계

첫주장 (입론)	작전타임	1차반론	작전타임	2차반론	작전타임	최종 변론 하기	판정 결과 발표

2. 논제에 대한 나의 입장(입론 만들기 자료)

나의 입장	경쟁이 없는 삶은 성공할 수 (있다, 없다) -(O로 표시하기)
이유)	

3. 내가 살아가면서 만날 단어들

▣ 활동지(6)「꽃들에게 희망을」을 읽고

1. 나는 어떤 삶을 선택할 것인가?

(　　)학년 (　　)반 이름(　　　　　　)

나의 입장	1) 기둥을 올라가는 호랑 애벌레의 삶(　　) 2) 기둥에 올라가지 않고 고치에서 인내하여 나비가 되는 노랑 애벌레의 삶(　　)
이유)	

2. 내가 선택한 삶을 살기 위해서 내가 견뎌내야 하는 것들

13~16 차시

 # 책수다 #책 감상 #선택활동 #느낌 나누기

성취기준	[6국06-02] 작품에 대한 이해와 감상을 바탕으로 하여 다른 사람과 적극적으로 소통한다. [6국02-05] 매체에 따른 다양한 읽기 방법을 이해하고 적절하게 적용하며 읽는다.

학습목표	• 각자 감명 깊게 읽은 책들을 소개하고 자유롭게 이야기를 나눈다. • 책과 관련하여 학생 선택활동으로 더 하고 싶은 것들을 선택하여 활동한 후 친구들과 나눈다.

학습준비

- 감명 깊게 읽은 책, 선택활동 자료(카메라, 색연필, 도화지, 인형극 재료, 그림책 만들 재료 등)

수업의 초점

- 이 수업은 독서단원과 토론 단원의 18차시 수업을 12차시에 끝내고 남은 시수를 학생들이 자유롭게 선택하여 활동하는 차시다. 최근 들어 재구성을 하여 여유 있는 시간에 다른 진도를 나가는 것이 아니라 학생들이 관련 목표와 연계된 활동을 선택해보는 경향이 많다. 교육과정 재구성은 결국 학생들이 스스로 재미있게 배우고 익히는 기회를 제공해 주는 것이다. 이런 측면에서 4차시로 배정된 학생선택활동은 독서와 문학적 창작 영역을 넘나드는 시간이 되었다.

활동

활동1) 감명 깊게 읽은 책으로 수다 떨기

- 각자 감명 깊게 읽은 책을 소개하며 하고 싶은 이야기 나누기(모둠 또는 독서 취향이 비슷한 친구들)
  - 책 내용 소개, 주인공 및 등장인물, 작가, 좋은 글귀 등
  - 같은 책을 읽고 생각을 나누어도 좋고 각기 다른 책을 읽고 생각 나누기를 해도 좋다.

활동2) 선택 활동 의견 나누기

- 각자 소개한 책에 대한 심화 활동으로 더 하고 싶은 것 의견 나누기
  - 만화로 나타내거나 역할극 해보기, 편지 쓰기, 책 표지 만들기, 책 낭송하여 녹음하기, 직접 그림책 만들기 등
- 각자 더 하고 싶은 활동 선택하기

활동3) 선택 활동하기

- 각자 선택한 활동하기
  - 연극이나 동영상 등 협동 작품을 만들어도 가능함
  - 인형극이나 동영상 제작 등 시간이 많이 걸리는 것은 주말을 이용함

활동4) 선택활동 결과물 발표 및 수다 떨기

- 개인 또는 모둠별로 작품 발표하기
  - 작품 발표 전에 작품을 만든 의도와 작업 과정에 대해서 설명하기
  - 작품을 살펴보기
  - 작품을 본 후 하고 싶은 말 나누기(질문, 답, 칭찬해주고 아쉬운 점 등 이야기 나누기)

마. 평가 계획

주제	차시	평가 내용	차시별 평가 기준		평가 방법
학급 독서 책 선정	1-2	① 자기가 좋아하는 책을 잘 소개했는가? ② 친구가 소개하는 책을 적극적으로 살펴보고, 학급도서 선정을 위해 공정하게 평가했는가? ③ 학급도서 선정 토론에 적극 참여하였는가?	상 중 하	세 가지 모두 만족시킨다. 두 가지를 만족시킨다. 한 가지를 만족시킨다.	〈상호평가〉 - 학습지(1) 공유 및 평가 〈교사평가〉 - 토론 관찰
책 읽기	3-4	평가 없음			
내용파악, 경험, 느낌 나누기	5-6	① 책 내용을 잘 파악하고 있는가? ② 전체 줄거리 빠짐없이 요약할 줄 아는가? ③ 책과 관련지어 자신의 경험과 느낌을 적극적으로 나누는가?	상 중 하	세 가지 모두 만족시킨다. 두 가지를 만족시킨다. 한 가지를 만족시킨다.	〈교사평가〉 - 활동지(3)
질문 만들고 토론하기	7-8	① 학급 도서 내용과 관련된 개인 질문을 만드는가? ② 모둠 질문을 살펴보고 대표 모둠 질문 선정에 적극 참여하는가? ③ 모둠 질문에 나의 생각이 담긴 답지를 진지하게 찾아 쓰는가? ④ 다른 사람의 답지를 읽고 자신의 것과 견주어 성찰하는가?	상 중 하	네 가지 모두 만족시킨다. 세 가지를 만족시킨다. 두 가지 이하를 만족시킨다.	〈상호평가〉 학습지(4) 〈교사평가〉 - 학습지/-토론 관찰
토론 절차와 방법 알기	9-10	① 토론의 절차를 아는가? ② 토론 방법을 아는가? ③ 간단한 토론에 흥미를 가지고 참여하는가?	상 중 하	세 가지 모두 만족시킨다. 두 가지를 만족시킨다. 한 가지를 만족시킨다.	〈상호평가〉 관찰 및 선발 〈교사 평가〉 관찰
토론하기	11-12	① 토론 논제 선정에 적극 참여하는가? ② 토론 방법과 절차에 맞춰 참여하는가? ③ 토론 주제와 역할에 맞게 참여하는가? ④ 같은 팀원들과 협력하여 참여하는가?	상 중 하	네 가지 모두 만족시킨다. 세 가지를 만족시킨다. 두 가지 이하를 만족시킨다.	〈상호평가〉 관찰 및 선발 〈교사 평가〉 관찰, 활동지(5), (6) 평가
토론하기	13-16	① 감명 깊게 읽은 책에 대해 수다를 잘 떠는가? ② 학생 선택활동에 적극 참여하는가? ③ 선택활동 결과물이 동료와 선생님께 호응을 받는가? ④ 같은 팀원들과 협력하여 참여하는가?	상 중 하	네 가지 모두 만족시킨다. 세 가지를 만족시킨다. 두 가지 이하를 만족시킨다.	〈상호 평가〉, 〈교사 평가〉- 학생 선택활동 참여 태도와 결과물

〈참고자료〉

- 김연옥 외(2017). 동화수업 레시피. ㈜박이정.
- 전국초등토론연구회(2019). 토론으로 다지는 한 학기 한 권 읽기. 미래지식.
- 전국학교도서관 인천모임 책친구(2019). 책으로 행복한 북적북적 책놀이. 단비.
- 서울시교육연수원(2018). 학생의 성장과 발달을 위한 과정중심 수행평가.
- 고영희 외(2016). 한 권으로 통하는 초등학교 교육과정 재구성의 노하우. 교육과학사.
- 윤성한(2017). 교육과정 재구성과 수업디자인. 교육과학사.
- 한국교원대 서울교대 국정도서 편찬위원회(2018). 국어과 교사용 지도서. 교육부.
- 교육부(2015). 2015 초등학교 교육과정.
- 서울특별시교육청(2019). 과정중심평가. "교육과정 문해력으로 시작해볼까?".

02

진로교육: 책 속에서 찾아볼까?

가. 재구성의 필요성
-책과 함께하는 진로 탐색 수업

인간의 전 생애에 있어 초등학교 시절은 진로의식의 '성장기'에 해당된다(Super, 1990). 진로발달이란 진로에 대한 자기개념의 발달을 의미하며, 진로발달과정이란, 일과 관련된 일련의 활동에서 내가 원하는 것, 좋아하는 것, 잘하는 것이 무엇인지 알아가는 과정이다. 또 내 주변에 있는 중요한 사람들이 내게 기대하는 것과 바라는 것이 무엇인지 알아가는 과정이기도 하다. 2015 개정 교육과정에서는 지난 교육과정과 마찬가지로 진로교육을 창의적 체험활동의 한 영역으로 설정하였다. 그런데 창의적 체험활동 시간으로 진로교육을 하는 경우, 진로발달단계에 따른 교육내용과 시간 배분이라는 문제점이 발견된다. 아울러 학생 발달단계상 진로교육은 놀이와 학습을 통해 생활 속에서도 이루어지도록 해야 한다. 이는 진로교육의 교육과정 재구성이 필요한 이유이기도 하다.

2015 개정 교육과정의 특색 중 하나는 국어과 독서단원의 신설이다. 학생의 독서습관의 지속과 내면화를 위해 독서단원을 한 학기에 한 단원으로 구성하였고, 학교 도서관 및 교실 상황, 그리고 교육과정과 교과서의 재구성에 따라 수업 시간이나 지도방식을 탄력 있게 운영할 수 있도록 하였다(교육부, 2019). 책 읽기 수업의 특성상 독서 후 후속활동이 반드시 필요하기에, 국어과 독서 단원을 활용하는 재구성 수업 또한 매우 융통성 있는 교육과정 운영 방안이라 할 수 있다. 또 6학년 실과 교과서에 있던 진로 관련 단원이 5학년으로 이동하여, '나의 발견과 나의 미래'라는 별도의 단원으로 설정하였다. 자칫 정적인 수업이 될 수 있는 독서단원 수업에 체육, 실과와 같은 활동성이 큰 교과를 연계함은 학습에

활기를 불어 넣어 주게 된다.

모든 학습이 학생들의 진로 역량을 키워 주지만, 5, 6학년의 발달 단계상, 이 시기의 학습은 더욱 자신의 진로와 깊이 관계될 수밖에 없다. 아이들의 발달을 고려한 재구성 수업이야말로 학습자의 만족도를 높일 수 있는 최선의 방안이라고 할 수 있을 것이다. 이와 같은 맥락에서 초등 5학년 교육과정 중, 창의적 체험활동의 진로교육을 바탕으로 관련 교과인 국어, 실과, 체육을 연계하여 재구성하였다.

나. 교육과정 분석

1) 관련 교육목표 분석

가) 국어과 목표 분석

국어과는 국어로 이루어지는 이해·표현 활동 및 문법과 문학의 본질을 이해하고, 의사소통이 이루어지는 맥락의 다양한 요소를 고려하여 품위 있고 개성 있는 국어를 사용하며, 국어문화를 향유하면서 국어의 발전과 국어문화 창조에 이바지하는 능력과 태도를 기름을 목표로 삼는다. 또한 국어교과의 특성으로서 의미 있는 점은 국어교과가 다른 교과의 학습 및 비교과 활동과 범교과적으로 연계된다는 점이다. 국어과의 독서단원이나 교과 간 주제 통합을 통한 재구성을 시도할 수 있는 근거가 된다.

나) 실과 목표 분석

실과교육은 가정생활에 대한 지식, 능력, 가치 판단력을 함양하여 실천적 문제 해결을 통해 자립적인 삶을 영위하고, 기술에 대한 실천적 학습 경험을 통해 기술적 지식, 기능, 태도를 함양하여 기술적 능력을 높여, 현재와 미래의 행복하고 건강한 가정생활과 창조적인 기술의 세계를 주도적으로 영위할 수 있도록 한다. 5학년 실과교과에서는 '진로'가 독립적인 단원으로 제시되어 있다. 초등학생들이 막연하게 생각하는 진로교육을 흥미, 진로가치관의 관점에서 생각하는 단초를 마련할 수 있다는 점에서 독서단원과의 통합적 재구성은 매우 의미 있다고 할 수 있다.

다) 체육과 목표 분석

체육교과의 목표는 신체활동 가치의 내면화와 실천을 통해 체육과의 역량을 습득함으로써 전인 교육을 실현하고자 하는 것이다. 재구성 시 독서 교재에 나온 운동 종목인 '주먹야구'는 5학년 경쟁활동 단원에 제시되어 있다. 책에 나오는 활동을 실제로 해봄으로써 등장인물의 상황에 대한 이해를 돕고, 학생들의 창의적인 협력적 학습을 도모할 수 있다.

라) 창의적 체험활동 목표 분석

창의적 체험활동은 교과와 상호 보완적 관계 속에서 앎을 적극적으로 실천하고 심신을 조화롭게 발달시키기 위하여 실시하는 교과 이외의 활동이다. 초등학교의 창의적 체험활동은 공동체 생활에 필요한 기본 생활 습관을 형성하고 개성과 소질을 탐색하고 발견하는 데 중점을 둔다. 그 중 진로활동의 목표는 '흥미, 소질, 적성을 파악하여 자아 정체성을 확립하고, 자신의 진로를 개발하여 지속적으로 발전시킨다.'이다.

창의적 체험활동에서는 학생과 교사가 공동으로 계획을 수립하고 역할을 분담하여 실천한다. 따라서 교육과정의 편성·운영의 주체인 학교는 각 학년, 학급 구성원의 성격과 요구에 맞추어 교육과정을 특색 있게 재구성할 수 있다. 재구성 시 활동주제에 대한 충분한 이해와 배움을 위하여 이를 교과 단원과 연계함으로써 활동의 의미를 키우고 시간적으로 여유 있는 학습활동을 구안할 수 있다.

2) 관련 성취 기준 분석

2015 개정 교육과정은 핵심역량을 반영한 창의·융합형 교육과정 설계가 핵을 이룬다고 할 수 있다. 이를 근거로 한 교과 내용 재구성이나 교과 간 연계·융합 수업을 하게 되고, 재구성 수업 설계의 의사결정은 교사 개인의 임의대로 하는 것이 아니라 교육과정 성취기준을 중심으로 이루어져야 한다.

가) 국어과

[6국02-03] 글을 읽고 글쓴이가 말하고자 하는 주장이나 주제를 파악한다.
[6국04-02] 국어의 낱말 확장 방법을 탐구하고 어휘력을 높이는 데에 적용한다.
[6국04-04] 관용 표현을 이해하고 적절하게 활용한다.
[6국05-05] 작품에 대한 이해와 감상을 바탕으로 하여 다른 사람과 적극적으로 소통한다.
[6국05-06] 작품에서 얻은 깨달음을 바탕으로 하여 바람직한 삶의 가치를 내면화하는 태도를 지닌다.

작품 속 세계와 현실 세계를 비교하면서 작품을 감상하고, 작품 속에 나오는 비유적 표현이 작가의 생각이나 느낌을 얼마나 생생하게 표현하는지 직접 느껴 본다. 작품에 대한 이해를 바탕으로 다른 사람과 하브루타, 토의·토론 등으로 의사소통을 하면서, 작품을 수용하고 문학을 즐기는 학습이 되도록 하였다.

나) 실과

[6실05-02] 나를 이해하고 적성, 흥미, 성격에 맞는 직업을 탐색한다.

진로교육 관련 단원이 설정되어 있는 만큼 타교과보다 직접적인 진로교육이 이루어질 수 있다. 실과의 진로 단원은 내가 좋아하는 일과 잘하는 일을 찾으면서 긍정적 자아정체감을 형성하고, 자신의 적성, 흥미, 성격을 객관적으로 찾는 과정에서 합리적 의사결정능력이 필요함을 느낄 수 있게 한다. 이에 자신의 특성을 이해하고 자신에 대한 객관적인 이해를 위해 표준화된 검사를 실제로 해보면서 자신에게 적합한 미래의 직업 세계를 탐색하는 기회를 갖도록 하였다. 자신의 외적 특징뿐만 아니라 성격, 취향, 관심 등의 내적 특징을 씽킹맵, 브레인스토밍 등을 활용하여 찾아보도록 지도하였다.

다) 체육

[6체03-04] 필드형 경쟁 활동에 참여하면서 책임의 중요성을 인식하고 이를 바탕으로 맡은 바 역할에 최선을 다하며 게임을 수행한다.

체육교과의 경쟁 영역은 다양한 경쟁 상황과 방식의 신체활동을 통해 집단 내 공동의 목표를 추구하는 경쟁 과정을 경험하고 페어플레이와 스포츠맨십 등의 협동과 공정한 태도를 길러 건강한 미래 사회 공동체를 만들어 가는 기초적 능력을 기를 수 있는 영역이다. 따라서 경쟁의 가치를 이해하고 신체활동으로 선의의 경쟁을 실천하면서 맡은 바 역할에 최선을 다하는 진로역량을 기르도록 하였다.

다. 재구성 수업의 설계

본 재구성은 진로역량을 기르는 것을 목표로 하여 총 20차시의 수업으로 설계하였다.

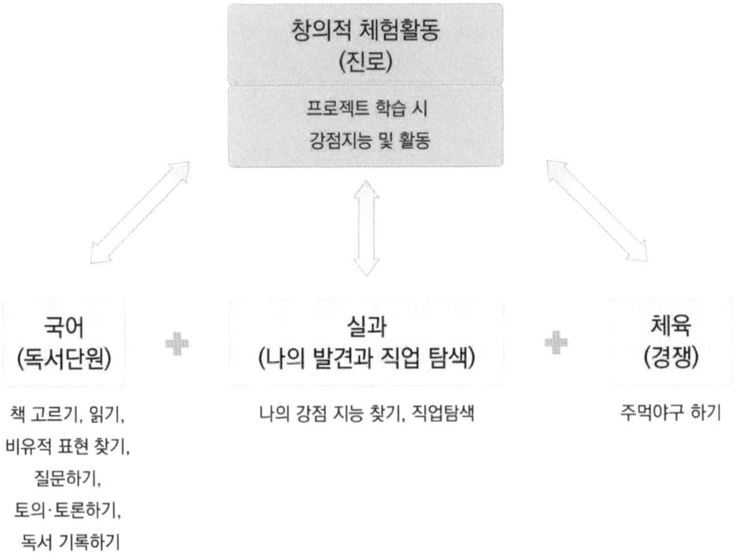

활동 내용은 진로 주제를 바탕으로 다양한 독서활동으로 문학 작품으로서의 교재에 집중하면서 학생활동중심수업을 충분히 하도록 했다. 등장인물이 가진 역량과 진로와의 연관성, 발전성 등을 자신과 비교해 보면서 자신의 진로역량을 측정하고, 교재에 나오는 체육활동을 실제로 해봄으로써, 꿈과 현실 사이의 문제에 대해 공감하는 시간을 갖는다. 특히 실과학습으로 자신의 강점지능을 찾아 동아리 연계 프로젝트 학습을 계획한다면 더욱 의미 있는 학습이 될 수 있을 것이다.

1) 교수·학습 재구성 세부 내용

교과(비교과)	단원	차시
국어	5-1-가. (독서단원) 책을 읽고 생각을 넓혀요	10
실과	5-6-2. 나의 발견과 직업 탐색	4
체육	5-3-2. 경쟁(필드형) 손으로 치는 주먹야구	3
비교과	(창체)진로	3

⬇

- 국어과의 독서단원과 실과 및 체육과와 연계하여 교과 간 주제에 의한 재구성 수업 가능
- 교과 활동 시 창의적 체험활동의 진로활동 연계 가능
- 발전 단계로 별도의 차시를 정해 동아리활동으로 연장하여 학습할 수 있음

차시	학습 내용	관련	기능
전체	• 여러 가지 방법으로 책 읽기 • 독서 기록하기	국어 (창체)	• 이해 · 해석하기 • 성찰 · 향유하기 • 공유 · 소통하기 • 감상 · 비평하기
1	• 나의 독서 경험 공유하기 • 책 소개와 지은이에 대해 알기		
2	• 1~3장 읽고 주요 등장인물 탐구하기 • 질문 만들기		
3 (진로)	• 만든 질문으로 토의 · 토론하기 (예: 성역할과 직업, 좋아하는 일과 잘하는 일 등 책 내용에 대한 질문 만들어 토의 · 토론하기)		
4~9	• 4~14장 읽고 내용 알기 • 재미있는 표현 찾기-흉내내는 말, 비유적 표현 • 책에 나오는 관용적 표현 찾아서 정리하기		
10	• 감상 발표하기, 독서 기록 정리하기		
11	• 책갈피 만들기		
12~14	• 야구에 대해 알기 • 주먹야구(막야구) 경기하기	체육 (창체)	• 경기 수행하기 • 탐색하기 • 관련짓기
15 (진로)	• 야구와 관련된 직업 탐색하기		
16~18 (진로)	• 나의 강점지능 찾기 및 소개하기(체크리스트) • 셀프브랜딩으로 나의 강점 나타내기	실과 (창체)	• 탐색하기 • 관련짓기 • 나타내기
19 (진로)	• 4차 산업혁명 시대의 직업 세계		
20 (진로)	• 직업의 세계와 나의 특성에 맞는 다양한 직업 탐색하기		
발전	• 강점지능별 동아리 만들기 • 동아리 활동으로 직업 체험하기		

라. 재구성 수업의 실제

1차시

#책 선정 #씽킹맵 #하브루타

성취기준	[6국01-04] 자료를 정리하여 말할 내용을 체계적으로 구성한다.

학습목표	내가 좋아하는 책을 소개할 수 있다.

❙ 수업의 초점

- 학생 개개인이 공감할 수 있는 책 선택의 기준을 정하여, 책 선정 과정에 학생들에게 주도권을 부여하고자 한다.
- 씽킹맵을 활용하여 자신이 좋아하는 책을 정리하면, 학생들의 말하기에 대한 두려움을 줄여 준다.
- 학생들이 좋아하는 책의 경향 파악과 함께 질문으로 책에 대한 관심을 키워 준다.
- 독서단원에 대한 기대를 높이는 과정이다.

❙ 활동

분위기 조성하기
- 교사가 좋아하는 책에 대한 퀴즈로 책 이름 알아맞히기

⇒

읽을 책의 방향 정하기
- 학생들이 각자 자신이 좋아하는 책, 인상 깊었던 책 생각하기
- 책 소개하기
- 짝과 함께 책에 대한 이야기 나누기

⇒

책 선정하기
- 좋아하는 책 제목으로 읽을 책 선정의 기초 자료 수집하기

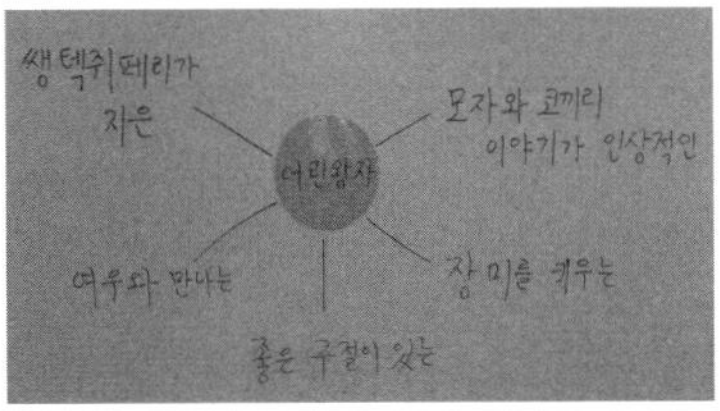

〈교사가 좋아하는 책 소개〉

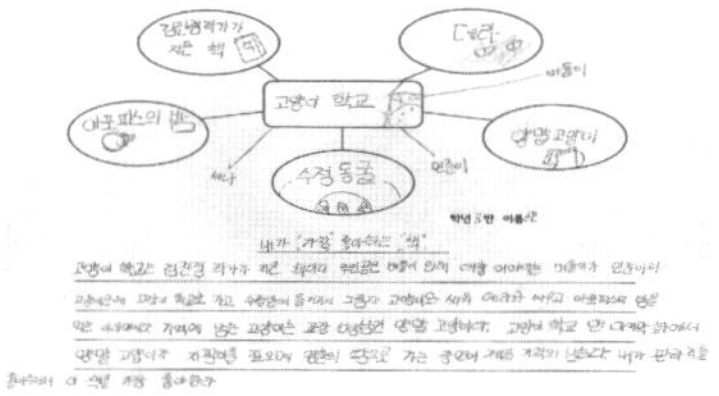

〈학생이 좋아하는 책 소개〉

설계 TIP

- 아이들은 창작동화와 판타지소설류의 책을 좋아한다.
- 남학생과 여학생이 모두 좋아하는, 재미있으면서도 감동을 주는 책이어야 한다.
- 평균 정도의 수준에 맞는 읽기 편한 책이면 좋다.
- 해당 학년의 교과 내용이 포함된 책이면 재구성으로 수업 계획 세우기가 용이하다.

2~3차시

#질문 만들기 #토론 #1분 말하기

성취기준	[6국01-03] 절차와 규칙을 지키고 근거를 제시하며 토론한다.

학습목표	근거를 제시하며 자신의 생각을 자신있게 말할 수 있다.

▎수업의 초점

- 책의 내용과 일상생활에서 경험할 수 있는 상황을 연결하여 토의·토론한다.
- 책을 읽으면서 등장인물이 처한 상황에 대한 질문으로 토의하는 것이 훨씬 더 현실적인 느낌을 준다.
- 등장인물이 자신과 같은 초등학교 5학년 아이이기 때문에 '나라면 어떻게 하겠는가?'라는 질문에 대한 답을 좀 더 구체적으로 생각할 수 있다.

▎활동

질문 만들기
- 책 1~3장 읽기
- 궁금한 점 질문 만들기

토의하기
- 질문 분류하기
- 각자 만든 질문으로 짝 하브루타 하기
- 짝 하브루타 후 자신이 만든 질문을 칠판에 명목 분류하여 붙이기
- 가장 많이 나온 질문으로 전체 토의하기

의견 발표하기
- 1분 말하기로 친구들과 주고받은 말을 정리하고 자신의 의견 말하기

〈질문 만들고 분류하기〉

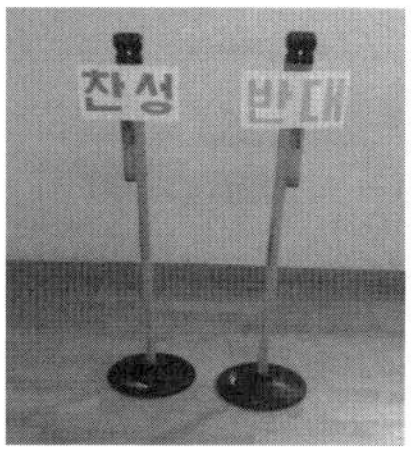

〈찬반토론〉

설계 TIP

- 개인의 이익과 가치가 다수의 것과 충돌하는 경우, 어떤 선택을 내려야 하는지 자신의 생각을 근거를 대어 말한다.
- 찬반 토론의 경우, 자신의 의견을 더욱 정교하게 정리하고 다음 사람이 의견을 심화하여 말할 수 있다.
- 도덕과 1단원과 연계하여 학습할 수 있다.
- 다양한 주제로 이끌 수 있는 질문을 유도한다.
  - 정직하게 말하는 것이 다른 사람들에게 피해를 주면 어떻게 해야 할까?
  - 여학생은 야구를 하면 안 되나?
  - 타고난 능력과 노력 중에 어느 것이 더 중요할까?
  - 동해를 나가라고 한 감독님의 행동은 정당한가? 등

4~9차시

#낱말 #흉내 내는 말 #비유하는 말

성취기준	[6국04-02] 국어의 낱말 확장 방법을 탐구하고 어휘력을 높이는 데에 적용한다. [6국04-04] 관용표현을 이해하고 적절하게 활용한다.

학습목표	낱말을 만드는 방법과 비유적 표현을 찾을 수 있다.

수업의 초점

- 글을 읽을 때 모르는 낱말이 나오면 주로 앞뒤 문맥이나 배경지식을 활용해 해석해 본다. 책에 나오는 낱말의 뜻을 유추하면서 우리말이 어떻게 만들어졌는지 탐색하고 낱말을 만드는 여러 가지 방법에 대해 학습한다.
- 책에 나오는 낱말의 구조를 배우면서 낱말을 만드는 방법과 우리말에 대한 흥미를 키워 준비학습으로서 의미 있다.
- 비유적인 표현을 찾아 그 뜻을 유추 · 해석함으로써 어휘력을 기를 수 있다.

활동

책 읽기
- 앞뒤 문맥을 살펴 낱말의 뜻 유추하며 책 읽기
- 그냥 '야구단'과 '막야구단'의 차이는 무엇일까?

→ **재미있는 표현과 비유적인 표현 공부**
- 어떤 글자가 붙음으로써 뜻이 달라지는 낱말 찾기
- 이 책에 나오는 흉내 내는 말 찾기
- 비유적 표현 찾기

→ **공부한 내용 적용하기**
- 책에 나오는 흉내 내는 말과 비유적 표현 찾기 놀이하기

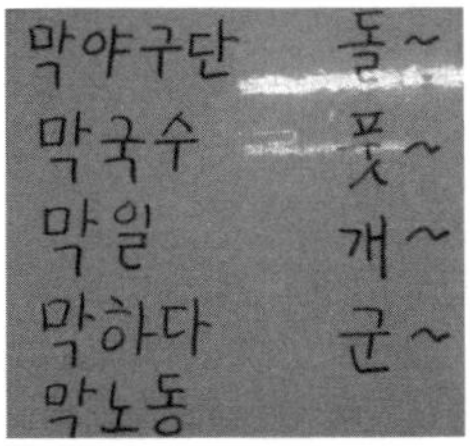

〈낱말 만들기〉

쪽	책에 나온 표현	내가 생각하는 뜻
7	수비수의 기분을 먼저 생각하는 참 예의바른 공	
10	뜨거운 콧김을 내뿜으며 서 있었다. 다들 심하게 목이 말라 보였다.	
11	너만 보면 내가 자꾸 혈압이 오른다.	
12	작전 상 후퇴	

〈비유적 표현의 예〉

함께 공부해요!

책 읽고 재미있는 낱말 찾기 1

학년 반 이름:

♣ '소리 질러, 운동장'에는 소리나 몸짓을 흉내 내는 말들이 많이 있습니다. 다음 쪽에서 설명이 나타내는 소리나 몸짓을 흉내 내는 말을 찾아보세요.

장	쪽	뜻	낱말
1. 후보선수 김동해	7	조금 단단한 물건이 잇따라 서로 가볍게 부딪치거나 부러질 때 나는 소리	
	7	기억이나 인상이 아주 선명하게 이루어지는 모양	
	8	말이나 행동을 뚜렷하게 정하지 않고 요러하고 조러하게 아무렇게나 하는 모양	
	9	사람이나 동물이 한꺼번에 바쁘게 몰려오거나 움직이는 모양	
	9	먹은 것을 조금씩 잇따라 거세게 토하는 소리	

〈흉내 내는 말〉

설계 TIP

- 국어책의 지문에 나오는 우리말 중에서 단일어와 복합어를 찾아보자.
- 뜻을 더해 주는 말과 뜻이 있는 낱말로 나누어 보고 어떻게 뜻이 달라졌는지 알아본다.
- 책에 나오는 흉내 내는 말을 찾고 앞뒤 문맥으로 그 뜻을 유추해 본다.
- 비유적 표현을 찾아보고 그 표현이 어떤 과정으로 생겼을까 생각해 본다.

10~11 차시

#질문 놀이 #덕목 #감정

성취기준	[6국05-05] 작품에 대한 이해와 감상을 바탕으로 하여 다른 사람과 적극적으로 소통한다.

학습목표	여러 가지 방법으로 책의 내용을 정리하여 말할 수 있다.

▎수업의 초점

- 책을 읽은 후, 학생들이 직접 문제를 내고 규칙을 정해 알아맞히는 활동을 통해 책 읽기가 매우 즐거운 학습활동임을 느끼도록 한다.
- 책 추천사 쓰기, 책 광고하기, 책 제목으로 3행시 쓰기, 만화 등의 기법으로 내용 정리하기, 작가 소개, 뒷이야기 꾸며 쓰기 등으로 한 권의 독후 결과물을 만듦도 의미가 있다.

▎활동

책 읽기
- 앞뒤 문맥을 살펴 낱말의 뜻 유추하며 책 읽기
- 그냥 '야구단'과 '막야구단'의 차이는 무엇일까?

→

재미있는 표현과 비유적인 표현 공부
- 어떤 글자가 붙음으로써 뜻이 달라지는 낱말 찾기
- 이 책에 나오는 흉내 내는 말 찾기
- 비유적 표현 찾기

→

공부한 내용 적용하기
- 책에 나오는 흉내 내는 말과 비유적 표현 찾기 놀이하기

1. 책을 읽고 질문을 만든다.
2. 카드 1장에 한 개의 질문을 쓴다.
3. 3~5개 정도 질문을 만들고 카드를 부채 모양으로 펼쳐든다.
4. 어깨 순서로 질문 카드를 책상 가운데에 놓으면 질문의 답을 아는 사람은 종(소리가 시끄러울 수 있으므로 지우개 등 이용)을 치고 말한다.

〈할리갈리 질문 놀이〉

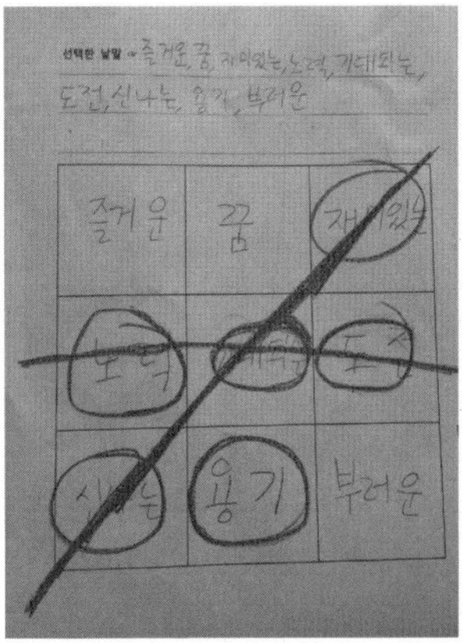

〈덕목·느낌 빙고게임〉

설계 TIP

- 덕목이나 느낌은 학생 수준에 맞는 것을 골라 제시하고, 학생들은 그 중에서 알맞은 것을 선택한다.
- 책을 읽고 난 후의 느낌과 본받고 싶은 덕목에 대해 이야기 나눈다.
- 질문놀이로 좋은 책은 사실이나 정보를 바탕으로 한 책이지만, 책의 내용을 되돌아보는 활동으로도 의미 있다.

12~15 차시

#하브루타 #주먹야구 #진로

성취기준	[6체03-04] 필드형 경쟁 활동에 참여하면서 책임의 중요성을 인식하고 이를 바탕으로 맡은 바 역할에 최선을 다하며 게임을 수행한다. [6실05-02] 나를 이해하고 적성, 흥미, 성격에 맞는 직업을 탐색한다.

학습목표	주먹야구형 게임의 규칙과 기본기능을 익힐 수 있다.

❙ 수업의 초점

- 여학생들은 일반적으로 야구를 어려워하는 경향이 있으므로, 책 속 등장인물인 여학생의 사례에서 자신감을 갖고 실제 체육 학습으로 경험하려는 용기를 가질 수 있다.
- 게임의 규칙과 방법을 교사가 직접 설명으로 가르치는 것보다 친구 가르치기 하브루타를 통해 자신들의 말로 설명하면 좀 더 쉽게 알 수 있다.
- 남자와 여자의 성역할에 대한 고정관념을 깰 수 있는 방안으로 이야기 속의 등장인물의 경우를 체험으로 느낄 수 있다.
- 야구선수가 꿈인 사람의 직업세계를 확장하여 찾아봄으로써, 다양한 직업 세계를 탐색한다.

❙ 활동

야구에 대한 공부
- 야구 시합하는 동영상 보고 야구에 대해 알기
- 짝 하브루타로 야구 용어와 규칙 이해하기

→

주먹야구 시합하기
- 전문가 학습으로 야구 규칙 알고 기능 익히기
- 전략 세워 주먹야구 경기하기

→

직업의 세계 탐색하기
- 야구 경기에서 찾을 수 있는 직업가치관은?
- 야구와 관련된 직업 탐색하기

야구, 그것이 알고 싶다!

1. 소개
- 구기 종목의 한 가지
- 한 팀이 9명으로 이루어짐
- 두 팀이 공격과 수비를 번갈아 가며 점수를 얻는 경기
- 주요 용어: 투수, 포수, 스트라이크, 볼, 아웃, 홈런, 안타, 1루, 2루, 3루, 홈, 파울
- 우리나라에는 1905년에 미국 선교사 '길레트'가 황성 기독교 청년회 회원들에게 가르친 것이 야구의 시초이다.
- 단체 경기로서 협동심 · 준법성· 책임감· 희생정신, 판단력 · 순발력 · 민첩성을 기를 수 있다.

2. 경기 방법
① 타자는 투수가 던지는 공을 야구방망이로 치고 1루 · 2루 · 3루를 거쳐 홈 베이스인 본루로 들어오면 1점을 얻는다.
② 공격 팀에서 3명이 아웃이 되면 공격과 수비가 바뀌게 되며, 각 팀이 한 번씩 공격을 마치면 1회가 된다.
③ 정식 경기는 9회를 원칙으로 하나, 동점일 경우에는 연장전을 벌여 12회까지의 승부를 겨룬다.

⋮

3. 경기장

경기장은 내야와 외야로 나누어진다. 내야는 홈 베이스와 1루, 2루, 3루의 4개의 베이스를 연결한 안쪽을 말한다. 외야는 내야를 제외한 지역을 말한다.

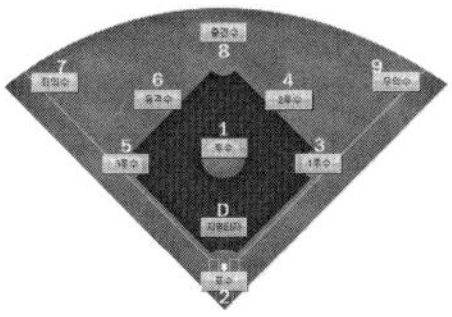

출처: 천재학습백과 (http://koc.chunjae.co.kr/main.do)에서 정리

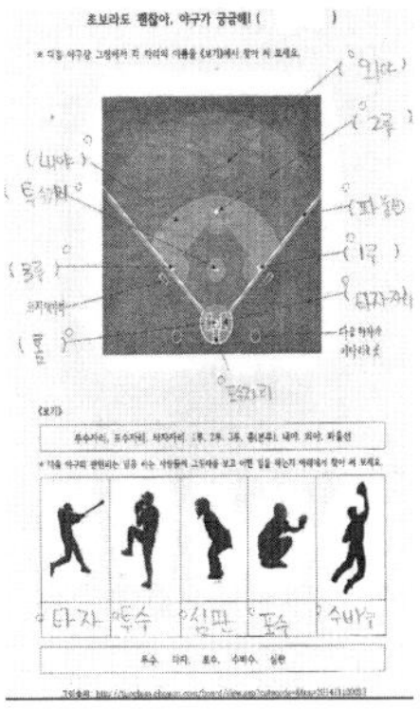

〈친구 가르치기 하브루타 학습지〉 〈학습지 활동〉

설계 TIP

- 책에 나오는 '막야구 시합'과 체육과의 주먹야구를 연계하여 수업한다.
- 규칙을 바꾸거나 전략을 세워 경기해 본다.
- 경기 후 역할과 책임, 최선을 다하는 생활에 대해 이야기를 나눈다.
- 내가 원하는 직업을 얻지 못하는 경우에도 할 수 있는 일이 많음을 탐색을 통해 알아본다.

16~18 차시

#강점지능 #자기이해 #내면화

성취기준	[6실05-02] 나를 이해하고 적성, 흥미, 성격에 맞는 직업을 탐색한다. [6국05-06] 작품에서 얻은 깨달음을 바탕으로 하여 바람직한 삶의 가치를 내면화하는 태도를 지닌다.

학습목표	자신의 강점지능을 찾아 다양한 방법으로 표현할 수 있다.

수업의 초점

- 책 속 등장인물들이 좋아하는 일을 재능이 있어 하는 것과 노력으로 하는 것을 비교하면서 진로에 대해 생각하는 시간을 갖는다.
- 2015 개정 교육과정에서 6학년에 있던 실과의 '일과 직업' 영역이 5학년으로 내려옴에 따라, 실과의 기술·활용 영역 중 '직업 탐색' 부분을 독서단원과 연계하여 재구성해본다.
- 다중지능이나 적성검사를 통해 자신을 이해하고, 그 결과를 이름표로 만들어 소개한다.
- 이름표를 만들어 대화하고 발표함으로써 미처 발견하지 못한 친구의 강점을 알게 되고 친구를 더 깊이 이해한다.

활동

설계 TIP

- 직업 탐색 시 고려해야 할 점을 알아본다.
- 나의 흥미와 적성에 맞는 직업의 세계를 탐색하여 본다.
- 강점지능이나 관심분야가 같은 친구들끼리 정보를 교환하는 시간을 갖는다.
- 내가 원하는 일을 하기 위해서 지금부터 준비해야 할 일들에 대한 계획을 세워 본다.

발전

#강점지능 #동아리활동 #진로

성취기준	[6실05-02] 나를 이해하고 적성, 흥미, 성격에 맞는 직업을 탐색한다.

학습목표	자신의 강점지능을 찾아 다양한 방법으로 표현할 수 있다.

▎수업의 초점

- 학급 안에서 친구들과 함께하고 싶은 동아리활동을 구상해 보는 것은, 자발성으로 인해 참여의지를 키울 수 있다.
- 관심 있거나 잘하는 영역의 동아리활동계획을 세우면서 자신의 강점과 약점을 발견하고 발전시키거나 보완할 수 있는 계기를 마련한다.
- 동아리활동처럼 꾸준히 흥미를 갖고 참여하는 활동이 직업으로 발전할 수 있음을 체험해 본다.

▎활동

동아리 활동 계획 세우기
- 나의 흥미와 적성을 고려한 동아리 생각하기
- 동아리 소개 자료 만들기

→

동아리 소개하기
- 동아리 소개 자료를 개인 사물함에 붙이기
- 갤러리 워킹을 하면서 궁금한 점 질문 써서 붙이기

→

동아리 활동과 직업과의 관계 알기
- 동아리가 어떤 직업으로 발전할 수 있는지 의견 교환하기

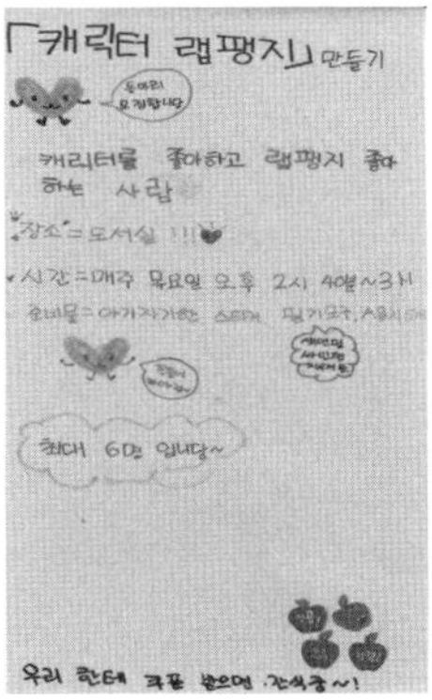

설계 TIP

- 이 수업을 프로젝트 학습으로 계획할 수 있다.
- 같은 분야에 관심을 가진 사람들이 모여 직업 탐구 프로젝트를 계획한다.
  - 우리 반의 지능별 학생 수 파악하기
  - 가장 수사 적은 지능부터 우선적으로 배치하기
  - 지능별로 고루 배치하고 남녀별 분포도 조정하기
- 계획하고 있는 직업에 필요한 지능을 확인하고 역할을 나누어 맡는다.
  - 연예 기획사: 리더십(사장), 음악지능(작곡 팀), 언어지능(가사 팀), 공간지능(디자인 팀), 신체운동지능(안무 팀), 대인관계지능(섭외) 등

마. 평가 계획

1) 평가 내용

차시	학습 내용	평가유형
전체	• 여러 가지 방법으로 책 읽기 • 독서 기록하기	관찰평가
1	• 나의 독서 경험 공유하기, 책 소개와 지은이에 대해 알기	
2	• 1~3장 읽고 주요 등장인물 탐구하고 질문 만들기	
3(진로)	• 만든 질문으로 토의 · 토론하기	자기평가 상호평가
4~9	• 4~14장 읽고 내용 알기 • 재미있는 표현과 책에 나오는 관용적 표현 찾아서 정리하기	수행평가 서술평가
10	• 독서 기록 정리하기, 감상 나누기	수행평가 관찰평가
11	• 책갈피 만들기	상호평가
12~14	• 야구에 대해 알고, 주먹야구(막야구) 경기하기	관찰평가 자기평가
15(진로)	• 야구와 관련된 직업 탐색하기	
16~18 (진로)	• 나의 강점지능 찾기 및 소개하기(체크리스트) • 셀프브랜딩으로 나의 강점 나타내기	자기평가 상호평가
19(진로)	• 4차 산업혁명 시대의 직업 세계	
20(진로)	• 직업의 세계와 나의 특성에 맞는 다양한 직업 탐색하기	수행평가 관찰평가
발전	• 강점지능별 동아리 만들기 • 동아리 활동으로 직업 체험하기	별도계획으로 실행 후 평가

2) 평가 기준

교과	차시	평가 내용	평가 기준		
			상	중	하
국어	3	• 작품을 읽고 바람직한 삶의 가치를 내면화할 수 있는 질문을 만들어 토의할 수 있는가?	작품을 읽고 자신의 개인적 삶과 공동체적 삶을 성찰하고 바람직한 삶의 가치를 내면화할 수 있는 질문을 만들어 적극적으로 토의한다.	작품을 읽고 자신의 개인적 삶과 공동체적 삶을 나타내는 질문을 만들어 토의한다.	작품을 읽고 궁금한 점을 질문으로 만들어 묻고 답한다.
국어	9	• 관용 표현을 이해하고 적절하게 활용할 수 있는가?	다양한 관용 표현을 탐구하고 이를 언어생활에서 응용하여 적절하게 활용할 수 있다.	관용 표현에 대해 이해하고 이를 언어생활에서 적절하게 활용할 수 있다.	자주 쓰는 관용 표현을 알고 이를 언어생활에서 활용할 수 있다.
국어	10	• 작품에 대한 이해와 감상을 바탕으로 하여 다른 사람과 적극적으로 소통하는가?	다양한 매체를 통해, 작품에 대한 서로 다른 이해와 감상을 다른 사람과 공유하면서 적극적으로 소통할 수 있다.	작품에 대한 서로 다른 이해와 감상을 바탕으로 하여 주변 사람과 소통할 수 있다.	작품을 감상하고 다른 사람과 소통하는 것을 어려워한다.
체육	14	• 주먹야구 경기에 참여하면서 책임의 중요성을 조리 있게 말하며, 스스로 맡은 바 역할에 최선을 다하며 게임을 수행하는가?	주먹야구 경기에 참여하면서 책임의 중요성을 조리 있게 말하며, 스스로 맡은 바 역할에 최선을 다하며 게임을 수행할 수 있다.	주먹야구 경기에 참여하면서 책임의 중요성을 열거하여 간단하게 말하며, 맡은 바 역할에 따라 게임을 수행할 수 있다.	주먹야구 경기에 참여하면서 책임의 중요성에 대해 열거하고, 타인의 도움을 받아 맡은 바 역할 일부를 게임 상황에서 수행할 수 있다.
실과	20	• 나를 이해하고 적성, 흥미, 성격에 맞는 직업을 탐색하는가?	일과 직업에 대한 이해를 바탕으로 다양한 방법으로 자신의 직업 흥미와 적성을 연결하여 직업을 탐색할 수 있다.	일과 직업에 대한 이해를 바탕으로 자신의 특성과 다양한 체험활동을 통해 직업 정보를 조사할 수 있다.	일과 직업의 의미와 중요성 및 자신의 적성, 흥미, 성격 등을 말할 수 있다.

바. 참고 자료

1) 교재 안내

소리 질러, 운동장(2015).
진형민 글/이한솔 그림. 창비.

- 야구를 좋아하는 김동해가 정직하게 '아웃'이라고 대답한 것 때문에 학교 야구단에서 '작전상 후퇴'를 강요받았다. 태어나서부터 공을 좋아하는 공희주는 아빠가 운영하는 학원에서 쫓겨났다. 지지리도 공부 못하는 딸 때문에 '자식도 못 가르치는 학원 원장'이라는 소문을 두려워하는 아빠가 공희주를 해방시켜 준 것이다.
- 김동해와 공희주는 야구를 좋아하는 아이들을 모아 야구단 같지 않은 야구단인 '막야구단'을 만들게 된다. 그런데 운동장 사용으로 학교 야구단 감독님과 갈등을 빚게 된다. 실내화로 공을 받고 빗자루로 공을 쳐도 부끄럽지 않고 마냥 즐겁기만 한 이 '막야구단'은 과연 좋아하는 야구를 계속 할 수 있을까?

2) 학습지(1차시)

내가 좋아하는 책을 소개합니다

학년　　반　이름:

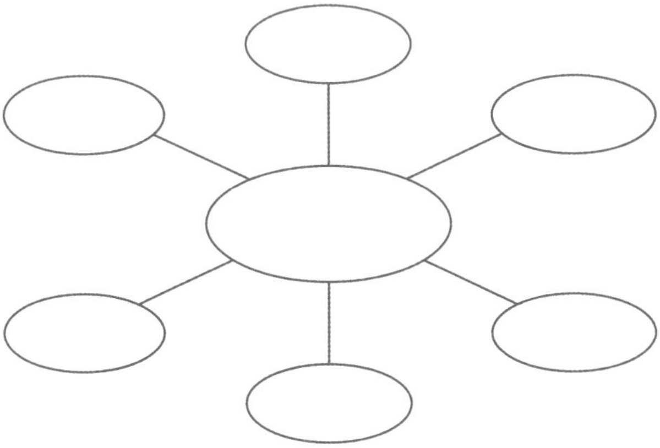

내용: ______________________________

____

출처: 씽킹맵(운현초, 2012).

(16~18차시)

실과	내가 잘하는 것은? - 나의 강점 지능 찾기 -	학년 반 번 이름 :

※ 나의 강점 지능표를 분류한 후 표에 정리하여 봅시다.

그림	점수	이름	적성	어떤 것을 잘하나?
		튼튼동이	신체 운동	무용이나 운동을 잘하고 체력이 좋아요
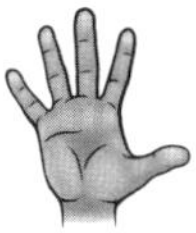		꼼꼼동이	손 재능	물건이나 만들기를 잘하고 요리를 잘해요
		색깔동이	공간	길을 잘 찾고 색깔을 잘 찾아요.
		셈동이	수리 논리	계산을 잘하거나 문제가 생겼을 때 문제점이 무엇인지 잘 알아요.
		생각동이	창의력	새롭게 생각하거나 아이디어가 많아요.
		노력동이	자기 성찰	자신의 감정을 잘 조절하고 계획을 세워서 실천해요.
		소리동이	음악	노래를 잘하거나 악기를 잘 연주해요.
		말글동이	언어	이야기나 글짓기를 잘하며 책을 읽고 내용을 잘 이해할 수 있어요.
		친구동이	대인 관계	다른 사람과 잘 놀고 인기가 많아요.
		자연동이	자연 친화	동물이나 식물에 관심이 많고 아픈 사람을 잘 돌볼 수 있어요.

출처: 안현주(2007). 진로교육 프로그램을 통한 진로의식 성숙도 향상이 초등학생의 진로자기효능감에 미치는 효과.

	나는 운동장 다섯 바퀴를 중간에 멈추지 않고 달릴 수 있다.		나는 선물 포장을 깔끔하게 한다.
	나는 선생님이 처음으로 시범을 보이는 동작을 잘 따라 할 수 있다.	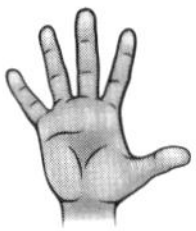	나는 수놓거나 바느질 등을 잘 한다.
	나는 피구를 할 때 아주 빠르게 던지는 공을 피할 수 있다.	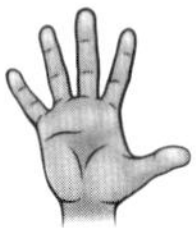	나는 칼로 모양을 잘 자른다.
	나는 책상에서 굴러 떨어지는 연필을 바닥에 떨어지기 전에 잡을 수 있다.	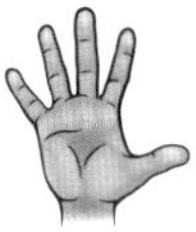	나는 배드민턴 서브를 넣을 때 셔틀콕을 정확하게 맞출 수 있다.
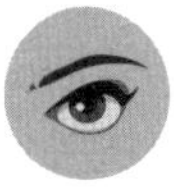	나는 가구나 물건을 옮겨서 보기 좋고 편리하게 배치할 수 있다.	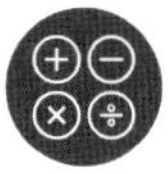	나는 복잡한 계산도 정확하게 할 수 있다.
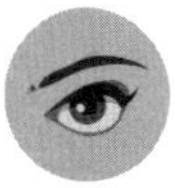	나는 짧은 시간 안에 사물의 특징이 잘 드러나게 그릴 수 있다.	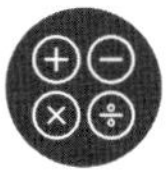	나는 문장으로 된 수학 문제를 식을 세워 잘 풀 수 있다.

 나는 종이접기나 로봇조립을 할 때 그림으로 된 설명서를 잘 이해한다.	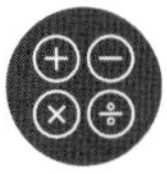 나는 설명을 들으면 혼자 수학 문제를 푸는데 별 어려움이 없다.
 나는 전개도를 보고 만들어질 모양을 짐작할 수 있다.	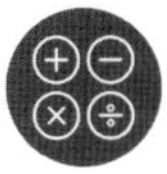 나는 수학 문제를 잘 파악하고 다양한 방법으로 답을 구할 수 있다.
 나는 사과를 이용하여 만들 수 있는 음식을 10가지 이상 생각해 낼 수 있다.	 나는 다른 사람과 달리 나만의 독특한 생각을 잘하는 편이다.
 나는 주변에서 일어나는 일들에 대해서 알고 싶은 것들이 많다.	 나는 늘 하던 대로가 아닌 새로운 방법으로 문제를 해결하려고 하는 편이다.
 나는 쉽게 화를 내지 않으며 화가 나도 잘 누그러뜨릴 수 있다.	 나는 처음 듣는 노래도 음의 높낮이와 장단에 맞게 따라 부를 수 있다.
 나는 목표를 세우고 이를 이루는 방법에 대해 계획을 세워 실천할 수 있다.	 나는 합창할 때 내가 맡은 부분을 잘 부를 수 있다.

	나는 잘못한 일에 대해서 내 책임을 인정하는 편이다.		나는 음악을 들으면 그 음악에 어울리는 장면이 자연스럽게 떠오른다.
	나는 내 성격의 좋은 점과 고쳐야 할 점을 잘 알고 있다.		나는 음악에 푹 빠져서 감상할 수 있다.
	나는 글을 읽거나 다른 사람의 말을 들을 때 중심 내용을 잘 이해할 수 있다.		나는 모둠학습을 할 때 마음에 들지 않아도 서로 도우면서 적극 참여한다.
	나는 글을 통해서 나의 느낌이나 주장을 잘 표현할 수 있다.		나는 친구의 어려운 사정을 들으면 마음이 아프다.
	나는 나의 의견이나 기분을 상대방에게 말로 잘 전달할 수 있다.		나는 처음 만나는 사람과도 편하게 이야기한다.
	나는 친구들이 하는 복잡한 농담이나 유머를 빨리 알아들을 수 있다.		나는 한 번 사귄 친구와 오랫동안 친구로 지낸다.

나는 식물을 잘 보살피며, 내가 돌보는 식물은 잘 자라는 편이다.	나는 다친 강아지를 보면서 보살펴 주고 싶은 생각이 든다.
나는 좀 불편하더라도 숲이나 바다 등 자연 속에서 지내는 것을 좋아한다.	나는 일상생활에서 환경보호를 실천하고 있다.(예: 분리수거, 일회용품 덜 쓰기 등)

3) 다중지능 설명(표)

지능		내용
튼튼동이	신체운동	춤, 운동, 연기 등을 쉽게 익히고 창조하는 능력
꼼꼼동이	공간	도형, 그림, 지도, 입체설계 등의 공간적 상징체계에 소질과 적성을 보이는 능력
색깔동이		
생각동이		
셈동이	논리수학	숫자나 기호, 규칙, 명제 등을 잘 익히고 만들어내는 능력
노력동이	자기성찰	자신의 장단점을 파악하고 내면의 동기와 욕구, 의도를 인식하고 잘 표출할 수 있는 능력
소리동이	음악	가락, 리듬, 소리 등에 뛰어난 능력
말글동이	언어	말재주와 글 솜씨로 세상을 이해하게 만드는 능력
친구동이	인간친화	다른 사람의 기분이나 동기, 바람 등을 잘 이해하고 그에 적절하게 반응하여 대인관계에 능한 능력
자연동이	자연친화	동물, 식물, 지구, 천체, 환경보존 등과 같은 자연 현상에 관심을 갖고 탐구하는 능력

4) 셀프 브랜딩 이름표

김 ○ ○

가. 종이 크기 가로 24.5, 세로 9cm, 글자 크기 102P 정도로 확대하여 사용한다.

나. 종이 위에 나의 강점지능과 관심 있어서 좋아하는 일과 관련된 내용을 그림이나 글씨 등으로 표현한다.

다. 8절 도화지를 가로로 접어 만든 삼각대에 셀프 브랜딩 한 것을 붙여서 전시한다.

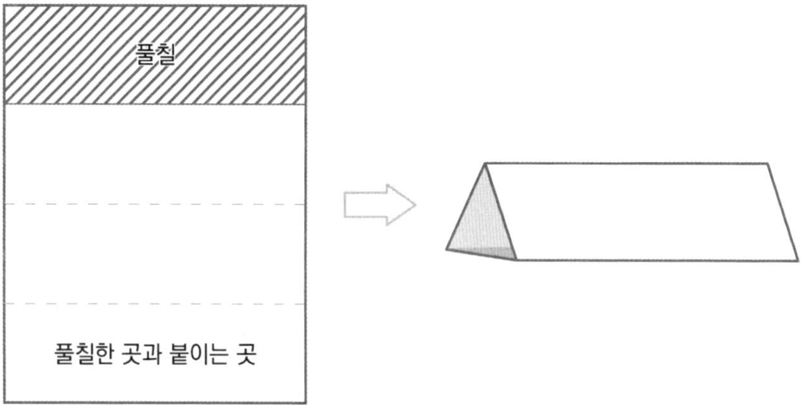

〈참고문헌〉

- 교육부(2019). 국어 교사용 지도서(5학년 1학기).
- 김판수, 최성우(2013). 자기주도 학습코칭ABC. 서울: 행복한 학교.
- 김화영 외 6인 공저(2018). 한 학기 한 권 함께 읽기 깊이 읽기. 서울: 북랩.
- 서우석 외 7인 공저(2019). 초등학교 실과 지도서. 동아출판.
- 서울특별시교육청교육연수원(2019). 교육과정 문해력과 재구성.
- 서울특별시남부교육지원청(2018). 초등 진로교육지원자료집.
- 서울특별시북부교육지원청(2013). 행복한 꿈을 키우는 초등 진로교육 역량강화 직무 연수.
- 안현주(2007). 진로교육 프로그램을 통한 진로의식 성숙도 향상이 초등학생의 진로자기 효능감에 미치는 효과.
- 유생열 외 12인 공저(2019). 체육 지도서(5~6학년군). 와이비엠.
- 제이 맥타이, 그랜트 위긴스 저/정혜승, 이원미 역(2016). 핵심질문. 서울: 사회평론 아카데미.
- 진형민 글/이한솔 그림(2015). 소리 질러, 운동장. 경기: 창비.
- 한국어린이출판협의회(2018). 줏대 있는 한 학기 한 권 읽기(제1호).
- 황매향 외 8인(2018). 초등학교 진로교육의 실제. 서울: 사회평론아카데미.
- NCIC(교육과정정보센터). 2015 개정 교육과정.

03

인성교육: 갈등의 다리를 넘어 평화의 샘으로

가. 재구성의 필요성
-배움과 삶이 하나되는 도덕수업을 꿈꾸며

2015년에 시행된 인성교육진흥법에 따르면 인성교육을 '자신의 내면을 바르고 건전하게 가꾸며 타인, 공동체, 자연과 더불어 사는 데 필요한 인간다운 성품과 역량을 기르는 것을 목적으로 하는 교육'이라고 정의하고 있다. 2015 개정 교육과정 총론 또한 교육이념, 추구하는 인간상, 교육목적, 핵심역량 전반에 걸쳐 인성교육이 추구하는 목적과 동일한 요소들을 함의하고 있다. 따라서 인성교육은 특정 교과에 국한하여 지도되어야 할 단편적인 것이 아닌 10개 교과는 물론 창의적 체험활동을 포함하여 학교교육 전반에 걸쳐 지도되고 성취되어야 할 중요한 분야임을 알 수 있다.

이렇듯 교육과정 전반에 걸쳐 강조되고 있는 인성교육을 학교 현장에 활성화시키기 위해서는 관련 교과와 연계하여 지도해야 한다. 이에 본 재구성은 인성교육과 가장 유사한 교육목표를 제시하는 도덕과를 중심으로 구성하되 교육 시수의 한계와 활동 내용의 풍성함을 위해 창의적 체험활동과 연계하였다. 또한 교육대상이 고학년이라는 점을 고려하여 인성교육에 대한 불편한 선입견을 제거하고, 흥미와 의미가 있는 인성교육을 구현하고자 다음의 두 가지 사항에 주안점을 두고 재구성하였다.

첫째, 인지적, 교화적 인성교육에서 탈피한다.
둘째, 생활 속 갈등문제를 수업 소재로 삼는다.

특히, 고학년 학생들이 많이 겪는 교우관계의 어려움을 수업 소재로 선택함으로써 수업을 자신들의 삶의 문제로 받아들일 수 있도록 구성하였으며, 이를 통해 배움과 삶이 하나였음을 학생들에게 알려주고자 하였다. 또한 인성교육은 선생님의 설명을 일방적으로 듣고 수용하는 지루한 수업이라는 편견에서 벗어나 놀이와 활동을 통해 몸으로 배우고 스스로 깨닫는 의미있는 수업이라는 것을 학생들에게 경험시켜 주고자 하였다.

나. 교육과정 분석

1) 관련 교육 목표 분석

가) 도덕과 목표 분석

도덕과는 기본적으로 성실, 배려, 정의, 책임 등 21세기 한국인으로서 갖추고 있어야 하는 인성의 기본 요소를 핵심가치로 설정하여 내면화하는 것을 일차적 목표로 삼는다. 이를 토대로 궁극적으로는 자신의 삶의 의미를 실천적으로 구현할 수 있는 도덕함의 능력을 길러, 자율적이고 책임 있는 인간과 정의로운 시민으로 살아갈 수 있도록 돕는 것을 목표로 한다. 이렇듯 도덕과에서 일차적 목표로 삼고 있는 것은 도덕과 핵심 가치를 내면화하는 것이다. 이에 도덕과에서 제시하고 있는 4가지 핵심가치를 학생들이 수업을 통해 지식적으로 이해하고, 이를 삶에 실천할 수 있도록 인지적 측면과 실천적 측면을 동시에 고려한 재구성이 요구된다.

나) 창의적 체험활동 목표 분석

창의적 체험활동의 자율활동 영역에서 자치·적응활동의 목표는 '민주적 의사 결정의 원리를 이해하고 실천하여 성숙한 민주시민으로 살아 갈 수 있는 자치 역량을 함양하고, 성장 및 환경에 따른 신체적·정신적 변화에 적응하는 능력을 길러 변화하는 환경에 적극적으로 대처한다.'이다. 이는 본 재구성이 '갈등'을 주제로 하여 학생들이 다양한 갈등상황을 학급 공동체 구성원들과 함께 합리적 해결 방안을 찾아가는 민주적 절차를 경험한다는 점에서 창의적 체험활동과 연계하여 운영할 수 있다.

2) 관련 성취기준 분석

> [6도02-02] 다양한 갈등을 평화적으로 해결하는 것의 중요성과 방법을 알고, 평화적으로 갈등을 해결하려는 의지를 기른다.
> ① 다양한 갈등이 발생하는 이유는 무엇이며, 갈등을 해결하기 위한 공감능력을 어떻게 기를 수 있을까?
> ② 갈등을 평화적으로 해결하기 위해 경청, 도덕적 대화하기 능력을 어떻게 기를 수 있을까?

초등학교 고학년으로 갈수록 교우관계에서 느끼는 갈등상황으로 인해 학교생활을 힘들어 하는 학생들이 많아진다. 특히, 학교폭력예방교육이 강화되면서 관계 속에서 발생되는 갈등이 자칫 학교폭력으로 이어지는 상황들이 자주 발생하고 있는 점을 고려할 때 성취기준에서 제시하고 있는 평화적 갈등해결 능력은 학생들이 즐겁게 학교생활을 하는 데 많은 도움을 줄 수 있을 것이다. 이에 갈등 발생의 원인과 이에 따른 일반적인 대처 방법, 더 나아가 이를 평화적으로 해결할 수 있는 방법 등을 중심으로 재구성함으로써 교실 속 배움이 학생들의 즐거운 학교생활과 삶을 만들어가는 데 도움을 주고자 하였다.

다. 재구성 수업 설계

본 재구성은 도덕과와 창의적 체험활동을 연계한 교과와 비교과 간 재구성으로 범교과영역인 인성교육을 목표로 재구성하였다.

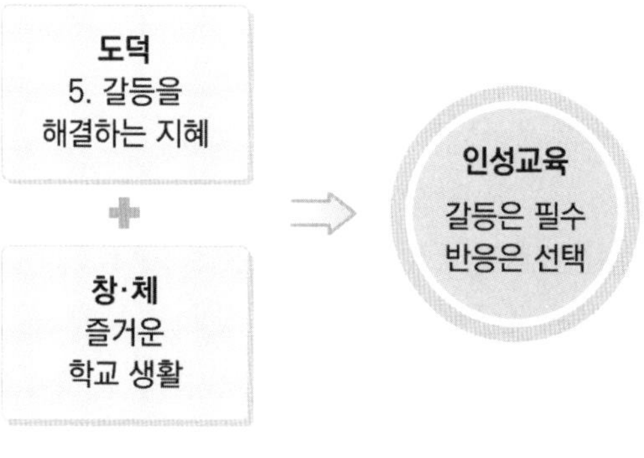

본 재구성에서는 도덕과와 창의적 체험활동-자율활동 영역을 연계하여, 5학년 도덕교과서에 제시된 '5. 갈등을 해결하는 지혜' 단원을 중심으로 성취기준에 맞춰 시수, 순서, 내용을 수정 보완하였다. 우선, 도덕교과서에 제시된 4차시 활동은 7차시로 증가하였으며, 학생들의 갈등에 대한 실천적 역량을 강화할 수 있도록 학습 내용을 보완하였다. 학습 내용이 보완됨에 따라 7차시 전체 흐름을 고려하여 교과서에 제시된 순서도 변경하였다.

활동 내용은 갈등에 대한 이해적 측면, 공감과 경청에 대한 정의적 측면, 갈등 해결에 대한 실천적 측면을 고려하여 종합적으로 구성하였으며, 활동 방법은 수업과정 속에서 발생할 수 있는 갈등 요소를 최소화하기 위한 환경구축으로 서클 방식을 주로 사용하였다. 또한 학생들의 흥미와 참여를 높이기 위해 놀이, 실습, 체험 중심의 수업방식을 적용하였으며, 전체적인 수업의 흐름은 다음과 같다.

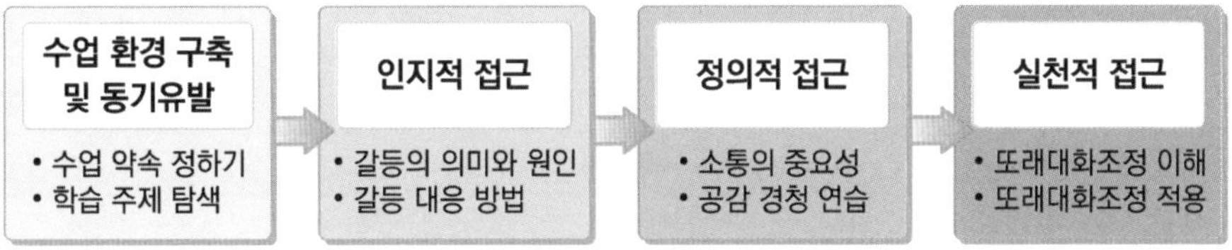

1) 교수·학습 재구성 세부 내용

교과서 구성(5학년 도덕-5. 갈등을 해결하는 지혜)			
주제	차시	차시별 학습 활동	변화
1. 갈등을 평화롭게 해결해요	1	• 갈등의 의미 이해하기 • 갈등을 평화롭게 해결하는 것의 중요성 알아보기 • 평화롭게 갈등을 해결하는 모습 살펴보기	내용 변경, 시수 추가
2. 갈등을 해결하는 올바른 대화법을 익혀 보아요	2	• 상대의 마음에 공감하는 방법 익히기 • 갈등을 해결하는 도덕적 대화 방법 익히기	순서 변경, 시수 추가
3. 갈등을 해결하는 바람직한 방법을 찾아 보아요	3	• 또래 조정 방법 익히기 • 또래 조정 활동하기	내용 변경, 시수 추가
4. 공감하며 대화해요	4	• 공감과 경청을 하기 위한 체험 활동하기	순서 변경, 내용 변경

⬇

재구성			
	주제	차시	차시별 학습 활동
갈등은 필수/반응은 선택	수업 약속 정하기	1	- 교사와 학생, 학생과 학생 간 수업 약속 정하기 - 원활한 수업진행을 위한 활동 약속 정하기
	갈등 체험하기	2	- 생활 속 갈등의 모습을 놀이로 체험하기 - 갈등 체험을 통해 갈등의 특징 알아보기
	갈등의 의미와 원인	3	- 갈등의 어원과 의미 알아보기 - 갈등 발생 원인 살펴보기
	갈등 대응 방법	4	- 갈등 대응 방법 살펴보기 - 평화적 갈등 대응 방법의 특징 알아보기
	공감 경청	5	- 갈등 발생과 소통의 관계 이해하기 - 갈등 해소를 위한 공감경청 연습하기
	또래대화조정 1	6	- 제3자의 갈등 개입이 주는 영향 알아보기 - 또래대화조정자의 역할 이해
	또래대화조정 2	7	- 또래대화조정 대화 익히기 - 또래대화조정 대화 적용하기

라. 재구성 수업의 실제

1차시

#서클 #수업 약속 #연결

성취기준	[6도02-02] 다양한 갈등을 평화적으로 해결하는 것의 중요성과 방법을 알고, 평화적으로 갈등을 해결하려는 의지를 기른다.

학습목표	수업과정 중 예상되는 갈등을 줄이기 위한 약속을 합의하여 정할 수 있다.

▎학습준비

- 토킹 스틱, 원형 매트, 작은 화분

▎수업의 초점

- 앞으로 함께 할 서클형 수업 방식을 학생들에게 안내하고, 서클형 수업 과정 중 예상되는 갈등상황들을 줄이기 위해 필요한 약속들을 확인하고 합의함으로써 즐겁고 의미있는 수업 환경을 마련하고자 한다.
- 공동체 구성원들 간 서로 다른 욕구를 조절하여 합의된 약속을 정하는 과정에서 상호 존중과 배려를 자연스럽게 익힐 수 있도록 한다.
- 합의 과정을 통해 마련한 약속들을 실천해봄으로써 배움과 실천이 하나됨을 경험할 수 있도록 한다.

▎활동

환영과 연결	수업방식 안내	서클체험과 약속이행	축하와 감사
• 서로의 느낌과 수업에 대한 기대감 나누기 • 서로가 꿈꾸는 수업의 모습 나누기	• 서클형 수업의 대형과 취지 설명하기 • 서클형 수업을 위한 약속 점검과 합의로 결정하기	• 제한된 시간, 절제된 대화, 협력적 지원을 통한 서클대형 만들기 • 서클형 수업 약속 실천 • 서클 대화 연습	• 수업과정 중 경험한 감사한 내용이나 서로 축하하고 싶은 내용 나누기

*서클 수업 약속의 예

1) 남녀 섞어 앉기 2) 누구와 만나도 적극적으로 참여하기
3) 가벼운 신체접촉 허용하기 4) 발언권을 가진 사람만 말하기
5) 끝까지 들어주기 6) 심장의 언어로 말하고 듣기 7) 침묵으로 초대하기

1차시	수업 후 이야기

안전한 수업 환경을 만들려면...

수업을 한다는 것은 특정 주제를 중심으로 교사와 학생, 학생과 학생 간 상호작용을 통해 서로의 생각을 연결하고 더 나은 생각으로 나가는 배움의 과정이 되어야 한다. 따라서 성공적인 수업의 조건 중 하나는 수업의 물리적, 심리적 환경이 안전해야 한다는 것이다. 이를 위해 수업의 첫 시작은 서로의 마음 열기와 안전한 수업환경을 위한 수업약속 정하기로 진행해왔다. 학급 담임이라면 학생들과 함께 약속을 정하는 것이 가능하겠지만, 담임이 아닌 입장에서 앞으로 전개될 수업을 안내하며, 이에 필요한 약속을 사전에 준비한 후 학생들에게 동의를 구하는 형식으로 진행하였다.

되로 주고 말로 받는 존중의 효과

고학년 학생들임에도 불구하고 대부분의 반 학생들은 7가지 약속에 대해 매우 긍정적인 반응을 보였으나, 소수 몇 명은 남·녀 섞어 앉기, 가벼운 신체접촉 허용에 대해 부정적 반응을 보였다. 특히 한 학급의 경우 7가지 약속 중 첫 번째 항목인 남 · 녀 섞어 앉기에 대한 반감을 크게 보이며 약속 정하기에 난항을 겪었다. 이에 교사가 그 약속을 제안하게 된 배경이 친한 사람들이 곁에 앉게 되면 수업에 집중하기보다 친구들과 떠드는 경우가 많아 수업에 방해될까 걱정이 되어서라고 설명하자, 학생들은 교사가 걱정하는 상황을 만들지 않도록 친한 사람과 앉더라도 수업에 집중해보겠다며, 자신들에게 3번의 기회를 달라는 수정 제안을 하였다. 이에 교사는 학생들의 의견을 수용하였으며, 이후 학생들은 자신들이 한 약속을 성실히 지켜나가며 수업에 집중하는 모습을 볼 수 있었다.

조금씩 조금씩 서서히 변해가며

각 학급별로 정해진 약속은 칠판에 적어 매 시간 수업 시작 전 확인과정을 거치면서 인식할 수 있도록 하였다. 이 과정 속에서 학생들은 자신들의 약속을 인식하고 기억하며 활동 과정에 긍정적으로 참여하는 모습을 보여 주었고, 수업의 분위기는 시간이 갈수록 조금씩 조금씩 우호적이고 협력적으로 진행되었다.

2차시

#갈등체험 #공동체

성취기준	[6도02-02] 다양한 갈등을 평화적으로 해결하는 것의 중요성과 방법을 알고, 평화적으로 갈등을 해결하려는 의지를 기른다.

학습목표	공동체로 살아가며 발생하는 갈등의 특성을 이해한다.

학습준비

- 서클형 의자 배치, 넓은 활동 공간 확보

수업의 초점

- 공동체로 살아가는 동안 갈등이 발생하는 것은 당연한 것임을 알게 하고자 한다.
- 현실 속 갈등을 '엉킨 빨래'놀이를 통해 간접 체험하고자 한다.
- 갈등 체험 과정 속에서 도움이 되었거나 되지 않았던 말이나 행동을 찾아보며 자신들의 갈등맞이 모습을 성찰해보도록 한다.

활동

환영과 연결	갈등 경험 나누기	갈등 체험 하기	성찰과 감사
• 도미노 감정박수로 느낌 나누며 연결하기 • 서클 대형 만들기 • 전시 학습 상기·수업 약속 확인하며 수업에 대한 기대감 나누기	• 서클 놀이 '바람이 붑니다'로 갈등 경험 나누기 • 생활 속에서 경험했던 갈등들을 함께 나누며 갈등은 누구에게나 발생한다는 것 알기	• '엉킨 빨래' 활동으로 갈등상황 경험하기	• '엉킨 빨래'를 풀어 가는 과정 속에 새롭게 다가온 느낌이나 깨달음 나누기 • '엉킨 빨래'를 푸는 과정 속에서 감사하고 싶은 친구에게 마음 전하기

‘바람이 붑니다’ 활동 방법
• 원으로 둘러 앉는다. • 교사는 원 안에서 술래가 된다. • “바람이 붑니다. 바람이 붑니다. ~갈등 경험이 있는 사람에게 바람이 붑니다.” 라고 말한다. • 술래의 경험과 같은 경험이 있는 사람은 일어나 자리를 바꿔 앉는다. • 자리를 앉지 못한 사람은 술래가 되어 위의 방법을 반복한다.

‘엉킨 빨래’ 활동 방법
• 학생들이 모두 밀착한 상태에서 반대편에 있는 두 사람과 각각 왼손, 오른손을 잡는다.(한 사람과 두 손을 동시에 잡으면 안 된다.) • 모두 손을 잡았으면, 손이 끊어지지 않은 상태에서 엉킨 손을 풀어낸다. • 교사는 해결 방법을 알려주지 않고 학생들이 스스로 풀 수 있도록 기다려 준다. • 모두가 손을 잡은 상태에서 하나의 원으로 풀리면 성공이다.

2차시	수업 후 이야기

가벼운 서클 대화로 마음을 열고...

수업은 ‘지금 자신의 몸 또는 마음 상태를 한 단어 또는 한 문장으로 표현하기’를 주제로 서클 대화를 하며 공간과 마음을 열었다. 대부분의 학생들이 ‘피곤하다’, ‘졸립다’라는 부정적 표현들이 많았지만, 교사가 수업 전 학생들의 몸과 마음을 점검해볼 수 있는 계기가 될 수 있다는 점에서 의미가 크다. 이어 ‘바람이 붑니다’ 활동을 통해 생활 속에 경험하는 각자의 갈등 사례들을 놀이 과정을 통해 공유함으로써 수업에 대한 집중도와 참여도를 높였다. 학생들은 술래가 말하는 갈등 사례가 자신들과 많이 닮아 있다는 점에 공감하며 몸과 마음이 활짝 열리는 시간이었다.

엉킨 빨래를 풀어가는 방법도 각양각색

‘엉킨 빨래’ 활동은 학급별로 다양한 모습을 보여주었다. 손잡는 과정부터 몇 번의 실패를 거듭하고 다시 시도한 반이 있는가 하면, 손잡는 과정은 무난히 이뤄졌으나, 푸는 과정이 15분 이상 걸려 고생한 학급이 있고, 엉킨 손을 푸는 과정에서도 자신의 손이 풀렸다고 이후 과정을 방관하고 있는 학생, 큰 소리를 지르며 장난을 치는 학생, 엉킨 손으로 움직임이 제한되어 어찌할 바를 모르고 당황하는 학생, 엉킨 손을 풀기 위해 하나씩 하나씩 도전하는 학생 등 마치 갈등이 생겼을 때 그에 반응하는 모습이 사람마다 다양하듯 손을 푸는 과정 또한 정말 각양각색이었다.

무리 속에 빛나던 한 아이

활동 과정 중 흥미로웠던 점은 유난히 엉킨 빨래를 푸는 데 많은 시간이 들었던 한 학급에서 평소 말이 없던 한 남학생이 조용한 목소리로 주변 친구들의 얽힌 손을 푸는 데 도움을 주는 것이었다. 결국 포기하려고 했던 엉킨 빨래는 한 남학생의 차분함으로 서서히 풀렸고, 모두의 손이 풀렸을 때 학생들은 함성을 지르며 기뻐했다. 이를 지켜 본 담임교사도 평소에 발견하지 못한 한 남학생의 새로운 면을 발견하는 계기가 되었다며 기뻐하셨다.

3차시

#갈등의 어원 #갈등의 원인 #짝대화

성취기준	[6도02-02] 다양한 갈등을 평화적으로 해결하는 것의 중요성과 방법을 알고, 평화적으로 갈등을 해결하려는 의지를 기른다.

학습목표	갈등의 의미와 갈등의 원인을 알고 평화적 갈등해결 조건을 설명할 수 있다.

학습준비

- 칡과 등나무 관련 사진, 서클형 의자 배치, 육각 자석판, 보드마커

수업의 초점

- 갈등이라는 단어가 덩굴식물인 칡과 등나무를 한자로 표현한 것이라는 것을 설명하여 갈등이라는 추상적인 개념을 보다 구체적 현상으로 이해시키고자 한다.
- 학생들이 생활 속에서 겪는 갈등사례와 이를 해결했던 방법들을 학생들 간 짝대화/모둠대화 과정을 통해 갈등의 원인과 갈등을 평화적으로 해결하는 데 필요한 조건을 학생들 스스로 찾아보도록 구성한다.

활동

환영과 연결	'갈등' 어원 알아보기	'갈등'의 원인 찾아보기	배운 내용 정리하기
• 도미노 감정박수로 느낌 나누며 연결하기 • 전시 학습 상기-엉킨 빨래와 닮은 갈등의 모습	• 갈등의 어원이 칡과 등나무의 엉킨 모습임을 알아보기 - 칡과 등나무의 잎, 줄기, 꽃, 뿌리 등을 보여주며 식물의 이름을 맞추게 한 후 '갈등=칡+등나무' 임을 알려주기	• 서클 대형 만들기 • 2중 동심원으로 2명씩 마주보며 '짝대화를 통해 갈등 경험과 갈등의 원인' 생각해보기 • 함께 모여 갈등의 원인 정리하기	• '갈등'의 어원과 원인에 대해 짝과 설명하며 배운 내용 정리하기

'갈등'의 원인 알아보기 활동
• 1차시부터 서클 대형으로 앉기 연습이 되어 있기 때문에 갈등의 어원을 살펴 본 후 제한된 시간 내에 서클형 수업 약속을 지켜가며 남·녀를 골고루 섞어 앉을 수 있도록 한다. • 하나의 서클에서 2명씩 마주보는 2중 서클을 만들 때 남·녀가 짝이 될 수 있도록 하며, 갈등 경험과 갈등의 원인에 대한 탐색활동을 짝을 2~3번 바꿔가며 이야기 나눔으로써 학생들 스스로 갈등의 원인을 찾아보도록 한다.

3차시	수업 후 이야기

칡과 등나무가 얽힌 이유는?

평소에 흔하게 사용하던 단어들의 어원을 살펴보면 의외로 이해가 훨씬 쉽게 다가오는 경우가 종종 있다. 갈등 또한 칡 갈(葛) + 등나무 등(藤)이 조합된 한자어로 칡과 등나무의 얽힌 모습을 나타낸 말이다. 학생들과 갈등의 어원을 알아보기 위해 퀴즈 형식으로 칡과 등나무의 잎, 꽃, 줄기, 뿌리 등의 사진을 차례로 보여주며 식물의 이름을 맞춰보라고 하자 모두 집중하며 자신들이 아는 식물 이름을 이것저것 말해보지만, 답을 맞추는 학생들은 거의 없었고, 결국 교사의 설명으로 갈등의 어원을 알아보았다.

갈등 뒤에 숨겨진 서로의 마음

이후 2명씩 혹은 모둠별로 보드마커와 육각자석판을 활용하여 갈등의 원인을 학생들 스스로 찾아보는 활동을 전개했다. 각 모둠별로 육각자석판에 정리한 갈등 원인을 칠판에 붙인 후 함께 살펴보니 대부분 공통적으로 '서로의 생각이 달라서'라는 답변들이 많이 나왔다. 이에 교사가 "왜 서로의 생각이 다를까?" 또는 "서로의 생각 속에 무엇이 담겨 있을까?"라는 추가 질문을 통해 갈등 이면에 욕구가 숨어 있으며, 욕구 충족 여부에 따라 긍정적 감정과 부정적 감정이 발생된다는 점을 알아봄으로써 갈등-욕구-감정과의 상호 연관성도 함께 살펴보았다.

지금 우리가 갈등상황이에요.

칠판 앞으로 모여 갈등의 원인을 함께 알아보고 있던 중 한 학급의 두 남학생이 투닥투닥 다투는 상황이 발생했다. 수업 현장 속에서 생생한 갈등 상황이 발생한 것이다. 이에 갈등 당사자들을 앞으로 불러 각자 어떤 불만이 있었는지 표현하고 그로 인한 감정은 어땠는지 질문하며 배움과 삶이 연계된 재미있는 경험을 하게 되었다. 더불어 갈등 대처를 위해 상대를 때렸던 방법은 적절했는지, 어떻게 하면 서로의 욕구를 충족하며 평화롭게 갈등을 풀어갈 수 있을지에 대한 대처 방법을 다음 시간에 살펴보겠다는 차시 예고까지 자연스럽게 연결시키며 수업이 마무리 되었다.

4차시

#갈등 대응 #평화적 갈등 대응법

성취기준	[6도02-02] 다양한 갈등을 평화적으로 해결하는 것의 중요성과 방법을 알고, 평화적으로 갈등을 해결하려는 의지를 기른다.

학습목표	평화적 갈등대응 방법을 알고 실천할 수 있다.

❙ 학습준비

- 서클형 의자 배치, 넓은 활동 공간 확보

❙ 수업의 초점

- 생활 속에 발생하는 갈등에 대해 일반적으로 대응하는 방법들을 자유롭게 찾아봄으로써 갈등에 대한 다양한 대처 방법이 있음을 알게 하고자 한다.
- 다양한 갈등 대응 방법을 승/패의 개념으로 분류해봄으로써 학생들 스스로 갈등을 평화적으로 해결하는 가장 좋은 대응방법이 무엇인지 깨닫도록 한다.
- 자신이 발견한 가장 좋은 갈등대응 방법의 특징을 살펴보며, 평화적으로 갈등이 해결되기 위한 조건이 무엇인지 찾아보게 한다.

❙ 활동

환영과 연결	'갈등' 대응 방법 찾기	'갈등' 대응 방법 분류하기	평화적 갈등 대응 조건
• 도미노 감정박수로 느낌 나누며 연결하기 • 전시 학습 상기-갈등의 어원과 원인 확인하기	• 교사가 제시한 갈등 상황을 해결할 수 있는 다양한 방법을 모둠별로 찾아보기 - 주어진 시간 동안 모둠별 포스트잇에 최대한 많은 방법 찾아 적기	• 모둠별로 정리한 다양한 갈등 대응 방법을 4가지(승승, 승패, 패승, 패패)로 분류하기 • 모둠별로 정리한 내용을 칠판에 전체로 모아 4가지로 분류한 후 가장 적합한 방법 알아보기	• 승승의 갈등 대응 방법이 되기 위한 조건이 무엇인지 찾아보기

갈등 대응 방법 찾기 활동
1) 4인 1모둠으로 구성하기 2) 포스트잇 한 장에 한 가지 대응방법 적어 모둠 가운데 모으기 3) 적은 쪽지들을 승승/승패/패승/패패로 분류하기

갈등대응방법 4가지 분류 방법
1) 승승: 갈등 관련자(나/너) 모두 좋은 결과 2) 승패: 나는 좋고 너는 나쁜 결과 3) 패승: 나는 나쁘고 너는 좋은 결과 4) 패패: 나도 나쁘고 너도 나쁜 결과 ※ 상황에 따라 분류기준이 다를 수 있음.

4차시	수업 후 이야기

너도 좋고 나도 좋은 승승의 방법을 찾아라!

학급이라는 공동체로 살아가는 동안 학생들은 끊임없는 갈등에 필연적으로 노출될 수밖에 없다. 하지만 갈등에 반응하는 것은 각자의 선택에 달려있으며, 어떤 선택을 하느냐에 따라 결과 또한 다르게 나타난다. 본 차시는 이러한 갈등의 필연성과 갈등 대처 방법의 중요성을 이해하고 최선의 결과를 도출할 수 있는 갈등 대처 방법의 조건에 대해 생각해보도록 구성하였다.

오렌지를 어떻게 할까?

본격적인 활동을 위해 4인 1조로 모둠을 만들고 포스트잇과 사인펜을 나눠준 후 갈등해결 방법을 알아보기 위한 간단한 갈등 사례-두 사람이 오렌지 하나를 가지고 싸우고 있는 상황-를 제시해 주었다. 주어진 갈등을 해결할 수 있는 모든 가능한 방법을 5분 동안 모둠별로 최대한 많이 적어보게 하자, 처음에는 평화적 방법으로 시도하다가 점점 장난스러운 방법들이 제시되기도 했다. 하지만, 다양한 사례가 주어지는 것이 중요한 활동이므로 제지하지 않고, 포스트잇 한 장당 한 가지 해결 방법을 적어 모둠별로 모아 놓았다. 이후 모둠별로 각각의 쪽지를 승승, 승패, 패패, 패승으로 나눈 후 칠판에 갖다 붙이고 함께 살펴보았다.

다양하고 기발한 생각들이 배움을 실천으로 이끌며...

승승의 방법으로 가장 많은 대답은 '반씩 나눠 먹는다'였으며, 독창적인 대답으로는 '주스를 만들어 나눠 먹는다', '오렌지를 땅에 심은 후 열매가 달리면 나눠먹는다', '먹지 않고 축구를 한다', '오렌지가 들어간 음식을 만들어 나눠 먹는다'라는 제안들도 있었다. '나무를 심어서 열매를 나눠 먹는다', '오렌지를 이용한 음식을 만들어 나눠 먹는다'라는 제안은 갈등을 단편적으로 해결하는 데에서 더 나아가 장기적인 안목과 확장된 사고로 문제를 해결할 수 있다는 점에서 의미있는 답변이었다. 반면 '먹지 않고 축구를 한다'는 제안은 뜻하지 않게 학생들 사이에서 많은 논란이 되었다. 사이좋게 축구를 하는 것은 승승이 될 수 있지만, 오렌지가 터져서 옷을 더럽히거나 신발이 더러워지면 패패 또는 승패, 패승이 될 수도 있다는 것이었다. 이를 통해 같은 방법이더라도 상황에 따라 다르게 작용할 수 있음을 알 수 있었다. 한편, 패패의 방법 중 '바다에 던져 버린다'라는 제안에 대해 한 여학생이 바다에 던질 경우 바다를 오염시켜 바다생물들이 피해를 볼 수 있다는 문제제기를 함으로써, 단순히 생각한 둘만의 패패가 사실은 훨씬 심각한 환경문제로 번질 수 있음을 알 수 있었다.

5차시

#불통과 소통 #공감 경청

성취기준	[6도02-02] 다양한 갈등을 평화적으로 해결하는 것의 중요성과 방법을 알고, 평화적으로 갈등을 해결하려는 의지를 기른다.

학습목표	공감 경청을 익혀 원활한 소통으로 갈등을 해결할 수 있다.

학습준비

- 가림판, A4 종이

수업의 초점

- 평화적 갈등해결의 조건은 수평적 관계와 평화적 대화 방법이 필요함을 알게 하고자 한다.
- 공감경청의 진정한 의미는 다른 사람들의 말을 있는 그대로 듣고 상대방의 의도를 확인함으로써 평화적 대화가 가능함을 알게 하고자 한다.
- 활동 중심의 수업을 구성함으로써 소통과 공감경청의 중요성을 몸으로 체득하게 하고자 한다.

활동

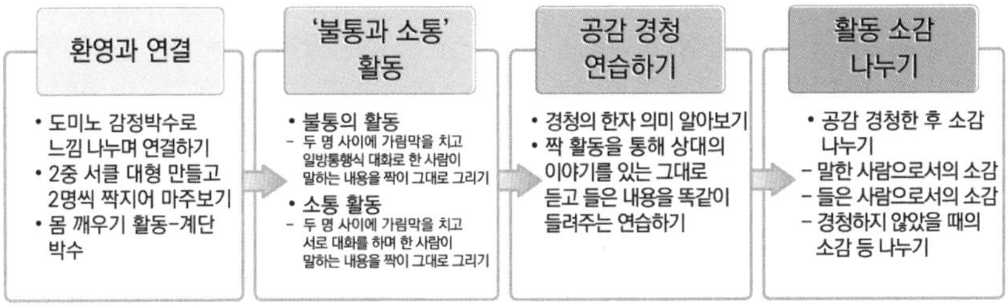

불통과 소통 활동 방법
1) 2명이 짝이 되어 활동 순서 정하기 2) 서로 보지 않은 상태에서 한 사람이 종이에 그림을 그리며 짝에게 설명하면 짝은 들은 대로 그리기 3) 활동 시간이 끝나면 서로의 그림 확인하기 ※ 소통활동: 보지 않고 대화하며 그림 그리기

공감 경청 연습
1) 2명씩 짝을 지어 활동 순서 정하기 2) 제시한 주제에 맞춰 한 사람이 말하기 3) 짝은 들은 이야기를 똑같이 들려주기 4) 역할 바꿔 같은 방법으로 활동하기 5) 활동 후 소감 나누기 - 짝이 경청을 잘 할 때와 아닐 때

5차시	수업 후 이야기

우리의 대화 모습은?

첫 번째 활동으로 불통과 소통의 조건에서 같은 그림을 그리게 한 후 서로의 그림을 비교하라고 했을 때 어떤 팀은 그림이 거의 비슷하다며 놀라서 떠들고, 어떤 팀은 완전히 다른 그림을 그린 것에 놀라 떠드는 등 모두 재미있다는 표정이었다. 활동 결과 대부분 불통 조건보다 더 비슷하게 그린 경우가 많았으나, 불통일 때가 오히려 더 비슷하게 잘 그렸다는 학생들이 여럿 나왔다. 이에 소통이라는 것은 질문을 주고받는 것이 중요한 것이 아닌 상대방이 하고자 하는 의도를 잘 이해하는 것이 중요하다는 설명과 함께 소통을 잘 하기 위해 경청이 필요하다는 점을 자연스럽게 알 수 있었다.

경청이라는 보이지 않는 선물

두 번째 활동은 경청의 한자 뜻을 설명해 주었고 학생들은 매우 집중력있게 듣고 이해하는 모습을 보였다. 이어 경청 연습을 위해 서로 짝을 마주본 후 순서를 정하고, 한 사람당 1분씩 주제에 맞는 대화를 하고, 한 사람은 끝까지 듣기를 한 후, 시간이 종료되면 "내가 잘 들었는지 확인해볼게."라고 말하고 들은 내용을 똑같이 말하는 연습을 시켰다. 활동 후 소감을 나누었을 "존중받는 느낌이었다", "고마웠다", "기분이 좋았다", "왕이 된 것 같았다", "많은 이야기를 다 기억해서 신기하다", "행복하다" 등 인상적인 대답들이 많았다. 이러한 대답들을 통해 학생들이 진정한 경청의 태도와 그 효과에 대해 스스로 찾아내고 알아가는 수업이었다는 점에서 만족스러운 수업으로 기억된다.

6~7차시

#또래 조정 #갈등 해결

성취기준	[6도02-02] 다양한 갈등을 평화적으로 해결하는 것의 중요성과 방법을 알고, 평화적으로 갈등을 해결하려는 의지를 기른다.

학습목표	친구들 간 갈등이 생겼을 때 대화 지원을 통해 평화적으로 해결할 수 있다.

▎학습준비

• 서클형 의자 배치, 또래조정 역할 대본

▎수업의 초점

• 전 차시에 배운 공감 경청 연습과 연계하여 또래조정자로서 친구들 간 발생한 갈등 문제를 평화적으로 해결하는 데 도움을 줄 수 있도록 구성한다.
• 또래조정자로서 익혀야 할 기본 태도와 연결 질문 등은 지속적인 연습이 필요하므로 담임교사의 후속적인 연계지도를 바탕으로 구성한다.
• 또래 간 발생한 문제를 또래조정을 통해 해결할 수 있다는 점에서 공동체성 강화로 이어지길 기대한다.

▎활동

환영과 연결

• 수업 맞이 인사
• 서클형 수업 약속 확인
• 체크 인
- 메아리박수
- 제 3자의 개입과 갈등해결과의 과정에 대한 경험 나누기

→

평화적 갈등 도움 원리

• 갈등의 원인: 두 마음
- 짝과 가볍게 할 수 있는 몸 놀이를 통해 서로의 마음이 맞지 않는 상황으로 인해 갈등이 발생함을 경험함

• 또래조정자의 역할
- 제 3자의 도움으로 서로 다른 두 마음을 연결시켜 하나의 마음을 만드는 데 도움을 주는 과정

→

또래 조정자 훈련

• 3인 1모둠 후 역할 나누기
- 갈등 당사자 1, 2
- 또래조정자 1

• 또래조정자 역할 연습
- 주어진 갈등 상황에 따라 각자 맡은 역할을 실감나게 표현하기
- 또래조정자는 조정자 대화법을 참고하여 진행하기
- 3명이 순환하며 역할 변경하기

→

활동 소감 나누기

• 또래조정자의 도움을 받은 사람으로서의 소감
• 또래조정자 활동 소감
• 또래조정자의 역할 정리
- 질문을 통해 마음을 열어주는 사람
- 서로의 마음을 연결해주는 사람
- 끊어진 관계 연결을 도와주는 사람

또래 조정자란?
• 학생들 간 갈등이 발생되었을 때 교사가 아닌 또래 친구가 연결 질문을 통해 서로의 마음을 표현하고 연결시켜 문제를 해결하도록 돕는 역할을 의미한다. 따라서 또래조정자는 갈등해결의 주도적 역할이 아닌 당사자들이 문제를 잘 풀어갈 수 있도록 돕는 지원자의 역할로서 공감과 경청의 태도가 중요하다.

6~7차시	수업 후 이야기

갈라진 둘의 마음을 하나로 이어주는 대화 연결자 되어 보기

본 차시는 '갈등'이라는 단원 주제의 최종 목적지로 갈등을 함께 풀어내는 데 도움을 줄 수 있는 '또래 조정자'기능을 익히도록 구성하였다. 서클 대화를 통해 자신들이 경험한 갈등 상황과 갈등 상황에서 누군가의 도움을 받았던 경험을 나누며 3자 개입의 사례를 살펴보았다. 예상대로 누군가의 개입으로 갈등이 잘 해결된 경험이 있지만, 대부분 한 쪽편을 들어 더 화가 난 경험들이 많이 나왔다. 이런 경험을 통해 제3자는 자신의 생각을 표현하기보다 갈라진 두 사람의 마음을 잘 연결해주는 역할이 되어야 한다는 점을 강조하며 또래조정자 연습을 시작하였다.

갈팡질팡 새로운 도전

교사의 야심찬 준비와 달리 또래조장자의 역할을 이해하는 시간은 학생들에게 길고 지루하게만 느껴졌다. 이에 갈등 상황 발생 시 또래조정자를 통한 갈등 해결 과정을 역할 대본을 통해 익히게 하고 대본 속 연결 질문에 집중해서 연습하도록 하였다. 3인 1조가 되어 갈등 상황 속 인물을 맡아 대화를 진행하는 방식이라 학생들 모두 몰입해서 잘 참여하였다.

모둠의 활동이 끝난 후 다시 하나의 원으로 모여 활동 느낌을 나누었을 때 몇몇 학급의 경우는 대화 도우미가 갈등을 해결하는 데 많은 도움이 될 것 같다는 긍정적인 반응과 연결 질문이 너무 형식적이고 성의가 없어 보여 갈등 당사자들이 더 화가 날 것 같다는 부정적 반응이 동시에 나왔다. 하지만, 또래 대화 도우미 역할이 두 마음을 한 마음으로 연결해주는 역할을 강조했던 학급의 경우는 또래조정자를 '한 마음으로 연결하기'라는 한 문장 정리를 통해 또래조정자 역할에 대한 명확한 이해를 하고 있음을 알 수 있어 나름 뿌듯했다.

비록 활동 후 성찰의 시간에 기대했던 답들이 아닌 부정적 반응들이 많이 나와 다소 당황스러웠지만, 갈등 조정자 역할에 대한 기본 이해가 되었다는 점만으로 의미가 있었던 수업이었다.

마. 평가 계획

1) 교육과정 성취기준 및 평가 기준

교육과정 성취기준	수준	평가기준
[6도02-02] 다양한 갈등을 평화적으로 해결하는 것의 중요성과 방법을 알고, 평화적으로 갈등을 해결하려는 의지를 기른다.	상	다양한 갈등을 평화적으로 해결하는 것의 중요성과 방법을 사례를 들어 설명할 수 있고, 다양한 문제 사례 해결과정을 탐구하여 갈등을 해결하는 평화적인 방법을 적극적으로 해결한다.
	중	다양한 갈등을 평화적으로 해결하는 것의 중요성과 방법을 파악하고, 문제 사례 해결과정을 통해 평화적으로 갈등을 해결한다.
	하	다양한 갈등의 평화적 해결 방법을 생각해보고, 갈등을 평화적으로 해결하려고 다짐한다.

2) 재구성에 다른 차시별 평가 내용 및 방법

주제	차시	차시별 평가 내용	차시별 평가방법
수업 약속 정하기	1	• 서클 수업에 필요한 약속을 제안할 수 있는가? • 합의된 약속을 성실히 수행하는가?	관찰평가 자기평가
갈등 체험하기	2	• 평화적 갈등 해결에 필요한 태도를 발견하는가? • 갈등 해결 과정에 적극적으로 참여하는가?	관찰평가 자기평가 상호평가
갈등의 의미와 원인	3	• 갈등의 의미와 갈등 발생 원인을 알고 설명할 수 있는가? • 갈등의 의미와 발생 원인을 찾는 활동에 적극적으로 참여하는가?	상호평가 구술평가
갈등 대응 방법	4	• 다양한 갈등 대응 방법 중 평화적 갈등 대응의 특징을 찾아낼 수 있는가? • 평화적 갈등 대응 방법을 생활 속에 실천하는가?	구술평가 사례조사 관찰평가
공감 경청	5	• 경청의 중요성을 알고 경청의 방법을 익혀 실천할 수 있는가?	상호평가 자기평가
또래 대화 조정	6~7	• 또래조정자의 역할을 이해하고 또래조정자로서 갈등해결을 위한 대화법을 익혀 활용할 수 있는가?	상호평가 관찰평가

〈참고문헌〉

• 교육부(2016). 2015 개정 교육과정 총론 해설(초등학교). 교육부.

• 서울통합형회복적생활교육연구회(2019). 회복적 학급 운영 매뉴얼.

04

세계시민교육: 더불어 하나 되는 우리

가. 재구성의 필요성
-다름이 어우러져 더욱 아름다운 세상

세계시민교육은 민주시민교육이 확장되어, 전 세계인이 함께 살아가는 방법을 최종목적으로 한 모든 교육을 포함하는 개념이다.

세계시민교육을 초등학생에게 적용할 수 있을지에 대한 다양한 고민이 이루어지고 있으나 실천성 함양에 가장 적합한 시기인 초등학생의 발달단계를 생각한다면 그 어느 시기보다도 세계시민교육이 이루어지기 적합한 시기이다. 따라서 초등학생의 수준에서 다양한 문화의 이해와 접목시켜 공감과 흥미를 느낄 수 있으며, 생활 속 실천으로 이어질 수 있는 내용으로 교육과정을 재구성하려 한다.

여러 교과마다 세계 여러 나라의 다양한 문화에 접근하는 관점이 다채롭지만 그 중에서도 교육과정에서 다른 나라의 문화에 대해 올바르게 이해하고 상호존중의 태도와 포용능력을 길러주는 것을 목표로 삼고 있는 영어과와 창의적 체험활동에 접목하여 교실 속에서 문화 다양성에 대한 이해를 길러주는 방향에 대해 모색해보고자 한다.

나. 교육과정 분석

초등학교 영어과 교육과정의 목표는 영어 학습을 통해 외국의 문화를 이해할 수 있도록 제시하고 있다. 특히 영어 교과역량 중, '공동체 역량'은 지역·국가·세계 공동체의 구성원으로서 가치와 태도를 공유하여 공동체의 삶에 관심을 갖고 공동체의 문제를 해결하는 데 참여할 수 있는 능력이며 배려와 관용, 대인

관계 능력, 문화 정체성, 언어 및 문화적 다양성에 대한 이해 및 포용 능력을 포함한다.

또한 초등학교의 창의적 체험활동은 교과와 상호 보완적 관계 속에서 앎을 적극적으로 실천하고 심신을 조화롭게 발달시키기 위하여 실시하는 교과 이외의 활동이다. 학습자의 발달 단계에 맞는 다양한 활동을 실시하여 학습자의 창의력을 발달시키는 것에 목표를 두고 있다.

1) 관련 교육 목표 분석

이 수업은 영어과의 가장 큰 목표 중 하나인 타문화에 대한 이해를 프로젝트로 이끌어가는 수업이다. 영어라는 도구를 사용하여 다른 문화를 이해하고, 나아가 세계시민의 역량을 갖출 수 있도록 하는 것이 영어과의 교과 목표이기 때문이다. 일반적인 영어 교과 수업에서는 언어기능에만 초점을 두기 때문에 문화 이해라는 교과 목표를 놓치기 쉬우나 교육과정에 제시된 교육내용을 수행하는 것은 교과 목표에 도달하기 위해서라는 점을 상기할 필요가 있다.

	교과(비교과) 목표	목표의 이해
영어과	영어 학습을 통해 외국의 문화를 이해한다.	초등학교 영어 교과는 영어 학습뿐 아니라 다양한 나라의 문화적인 내용을 다루어 초등학생들이 다양한 문화를 가진 많은 나라가 있음을 인지하게 하는 것에 목표를 둔다. 이에 따라 여러 나라의 문화를 직접 체험해보는 시간을 가짐으로써 학생들이 다양한 문화에 노출되고 이를 통해 타문화에 대한 이해를 넓히고 존중하는 태도를 가지도록 하는 것이 필요하다.
창의적 체험활동 (창의 주제 활동)	특색 있는 활동에 자율적으로 참여하여 일상의 문제를 합리적이고 창의적으로 해결할 수 있는 능력을 기른다.	학생들이 소개하고자 하는 나라를 자율적으로 정하고 해당 국가에서 어떠한 문화적 특색에 대해 다룰 것인지 토의를 통해 민주적으로 결정할 수 있도록 하였다. 이를 통해 각자 맡은 문화체험 코너가 다양한 특색을 나타낼 수 있었으며, 학생들에게서 적극적이고 자발적인 참여도 이끌어낼 수 있었다.

2) 관련 성취기준 분석

영어과 교육과정은 문화 요소를 포함하고는 있음에도 불구하고 언어기능에 초점을 두고 성취기준을 제시하고 있다. 따라서 문화 요소가 성취기준으로 제시되지는 않았지만, 성취기준보다 상위개념인 교과목표에서 그 중요성을 다루고 있으므로, 교육과정을 재구성하는 과정에서는 교과목표를 참고로 하여 재구성하였다. 또한 성취기준에서 제시하는 언어기능적인 요소는 학생들의 학년 교육과정에 머무르지 않고 초등학교에서 다루는 모든 범위의 의사소통기능 예시문을 활용할 수 있도록 지도하였다.

영역	성취기준
듣기	[6영01-02] 일상생활 속의 친숙한 주제에 관한 간단한 말이나 대화를 듣고 세부 정보를 파악할 수 있다.
말하기	[6영02-07] 일상생활 속의 친숙한 주제에 관해 간단히 묻거나 답할 수 있다.

다. 재구성 수업의 설계

1) 재구성 유형

• 주제 중심 재구성

학생들이 앞으로 살아갈 미래사회에서 가장 중요하게 작용할 세계시민성을 갖추기 위한 첫 단계로, 다양한 세계의 문화를 이해하는 것을 주제로 삼아 재구성하였다.

• 내용 추가

한 차시 내에서도 작은 코너로만 다루어지는 교과서 단원 전개의 특성상 내용의 추가가 요구되었다. 학생의 수준, 지역 및 학교의 특성을 고려하여 내용을 추가하여 재구성하였다.

• 교과 내 재구성/ 교과와 비교과 재구성

내용면에서는 교과 내에서 제시되고 있는 세계의 문화에 대한 내용부분을 추출하여 재구성하였다. 부족한 시수를 보완하기 위해 창의적 체험활동의 자율활동 시수를 활용하여 교과와 비교과 간 재구성을 시도하였다.

2) 교수·학습 계획

본 활동에서는 초등영어 6학년 교과서 내용 중에서 세계 여러 나라의 다양한 문화와 관련된 부분을 추출하여 재구성하였다. 교과서는 세계시민교육과 관련하여 다른 나라의 문화에 대해 간략하게 소개하고, 단원의 핵심표현과 연계하여 대화를 연습하는 것에 주안점을 두고 있는데, 본 재구성에서는 학생의 흥미와 관심분야를 반영하고, 학생이 주도적으로 주제를 선택하여 기획하며, 체험을 통한 문화의 다양성을 이해하도록 하였다.

• 다른 나라의 문화에 대한 간략한 소개 • 단원의 핵심표현과 연계하여 대화연습활동	➡	• 학생의 흥미와 관심분야 반영 • 학생 주도적인 주제 선택과 기획 • 체험을 통한 문화 다양성 이해

재구성 방법으로는 '내용 추가, 순서, 변경, 시수 추가' 등을 활용하여, 한 차시 내에 작은 코너로 제시되어 있는 내용을 총 9차시로 재구성하였다. 영어 교과에 배당된 시수만 활용하기에는 시수가 부족하기에 창의적 체험활동에 배당된 수업 시수 중 자율활동의 창의 주제 활동을 활용하여 시수를 확보했다. 전체적으로 다음과 같은 단계에 따라 수업이 이루어지도록 하였다.

생각 열기	생각 넓히기	생각 모으기	생각 펼치기	생각 나누기	생각 정리하기
• 문화적 다양성을 인지	• 다른 문화 조사하기	• 조사한 내용을 정리	• 효과적인 전달 방법 고민	• 다른 문화를 체험하며 다문화감수성 키우기	• 문화 다양성으로 인한 장점 생각하기

설계 TIP

프로젝트를 시작하며 교원학습공동체를 통해 교사들이 함께 가장 고민한 지점은 우리 학교 학생들이 '다른 나라의 문화에 대해 얼마만큼이나 알고 있을까?'였다. 다른 나라의 문화와 우리 문화가 다르다는 것을 알기 위해서는 다른 문화에 대한 다양한 배경지식이 필수적으로 수반되어야 하기 때문이다. 이러한 경험의 부재를 메우기 위하여 최근 방송에서 자주 다루고 있는 외국인들의 한국 체험 예능 프로그램을 활용하여 우리 문화도 다른 나라 사람에게는 새로울 수 있다는 점에서 출발하기로 하였다. 조사를 통해 다른 나라의 문화를 알고, 그 문화의 특징을 전달하는 것에 목표를 두어 체험활동을 준비하였다. 학생들은 어떤 체험을 통해 조사한 문화를 알리는 것이 가장 효과적일지를 고민하는 과정에서 다른 나라 문화의 특징을 이해할 수 있었다.

영어과 교과서 계획(초등영어 6학년)			
단원	차시	차시별 학습 주제	재구성 방법
3	6	여러 나라의 전화 인사말	내용 추가 순서 변경 시수 추가
5	6	여러 나라의 기념일	
7	6	여러 나라에서 즐겨먹는 음식	
8	6	여러 나라의 가면	
10	6	여러 나라의 다양한 놀이	
11	6	여러 나라의 다양한 교통수단	
12	6	여러 나라의 명작동화	

⬇

재구성 계획		
단계	차시	주요 학습 활동
생각 열기	1	문화의 다양성을 이해하지 못해 겪었던 어려운 일에 대해 이야기 나누기
생각 넓히기	2	다른 나라의 다양한 문화에 대해 조사하기
생각 모으기	3~4	다른 나라의 문화를 알리는 여행박람회 기획하기
생각 펼치기	5~6	여행박람회를 위한 문화체험부스를 준비하기
생각 나누기	7~8	1) 각 나라의 여행박람회 부스를 운영하기 2) 친구들이 운영하는 여행박람회 부스를 체험하기
생각 정리하기	9	여행박람회 참여 소감을 나누며 문화 다양성 존중에 대한 이야기 나누기

라. 재구성 수업의 실제

1차시

#문화 다양성 #글로벌 파트너십 #젓가락질과 식사매너

학습목표	나라마다 문화가 다름을 알고 문화가 다양한 까닭을 설명할 수 있다.

단계	생각 열기

▎수업자료

- 동영상, 문화 골든벨 PPT

▎수업의 초점

- 우리가 다른 나라의 문화를 잘 모르고 있다는 사실을 인지하는 것이 주된 목적이다. 문화의 다양성에 접근하기 위해서는 다양성이 존재한다는 점을 스스로 깨달을 수 있어야 한다. 이를 위해 본 차시에서는 한국을 처음 방문한 외국인들이 한국에서 겪는 다양한 에피소드를 다룬 텔레비전 프로그램을 통해 자연스럽게 도입하고자 한다.
- 문화 골든벨 퀴즈활동에서는 문제를 많이 맞추는 것보다 스스로가 다른 나라의 문화에 대해 잘 모르고 있었음을 깨닫는 것에 초점을 둘 수 있도록 구성하였다. 또한 후속 차시에 학생들이 문화 조사를 위해 국가를 선정할 때 자칫 선진국 나라에 국한되지 않고 세계 여러 국가에 대한 학생들의 관심을 환기시킬 수 있도록 구성하였다.

▎활동

데이비드의 젓가락질
- 데이비드의 입장에서 처음 경험한 것 정리하기
- 데이비드가 한식을 처음 접하며 좋았던 점 상상해 보기
- 데이비드가 한식을 처음 접하며 불편했던 점 생각해 보기

→

프랑스의 식사문화
- 프랑스식 식사에서 처음 경험한 것 상상해보기
- 프랑스식 식사의 좋은 점 생각해 보기
- 프랑스식 식사의 불편한 점 생각해 보기

→

문화 골든벨
- 문화 골든벨에서 몇 문제를 맞출 수 있을지 예상해 보기
- 문화 골든벨 문제 풀어보기
- 가장 어려웠거나 놀라웠던 문제 발표하기

설계 TIP

학교에 원어민 영어보조교사가 근무하고 있다면 이 수업의 마무리 활동으로『한국 문화 골든벨』 퀴즈 활동을 추천한다. 학생들이 출제한 한국 문화 골든벨 퀴즈를 원어민 선생님이 맞추는 방식으로 활용할 수 있다. 학생들이 우리문화와의 접점과 차이점에 대해 좀 더 진지하게 고민할 수 있는 기회가 될 수 있다. 또한 원어민 선생님에게는 영어를 사용하여 설명해야 하기 때문에 학생들의 영어실력도 향상될 수 있다.

2차시

#조사 #스마트패드 #조사계획

학습목표	다른 나라의 다양한 문화에 대해 조사할 수 있다.

단계	생각 넓히기 → 생각 모으기

▎수업자료

• 스마트패드(인터넷 연결이 가능한 환경), 조사 학습지

▎수업의 초점

• 다른 나라의 다양한 문화에 대해 조사하는 차시를 구성하였다. 학생들과 조사학습에 대해 이야기를 나누며, 조사하는 분량에 초점을 맞추어 진행되어 왔고, 또한 조사한 내용을 발표하는 것에 그치는 점도 조사학습을 형식적으로 만들었던 요소라는 점을 깨닫게 되었다. 따라서 본 수업에서는 학생들이 조사해야 할 영역을 분명히 하는 토의과정으로 조사학습을 시작하는 것으로 구성하였다. 또한 조사학습은 본 차시에서 이루어지도록 하였으며 본교에 구비된 스마트패드를 활용하였다.

• 학생주도의 조사학습이 되는 것도 중요하지만 세계 여러 나라의 문화를 다양하게 체험할 수 있어야 한다는 문화 다양성의 취지도 이루어지기 위해서 남극을 제외한 다섯 개의 대륙에서 골고루 나라를 선정하면 좋겠다는 의견과 다른 언어를 사용하는 나라를 선정하면 좋겠다는 의견에 힘이 실렸다.

▎활동

- **조사할 나라 정하기**
  - 기준을 세워 다 함께 나라 정하기(대륙, 언어 등)
  - 희망하는 나라가 같은 사람끼리 모둠 이루기
- **조사 방법 배우기**
  - 어떤 기준을 세워 조사하면 좋을지 기준별로 이야기해보기
  - 다양한 조사 방법의 장단점 생각해보기
- **조사 계획 세우기**
  - 모둠별로 조사할 내용을 정하기
  - 조사할 방법 정하기
  - 모둠원 간 역할 나누기
- **조사하기**
  - 모둠에서 정한 조사 계획에 맞게 조사하기
  - 스마트패드 활용하여 더 궁금한 내용 조사하기

여행박람회 준비를 위한 조사계획서

6학년 ___반 이름: ______

여행박람회 '80일 간의 세계 일주' 부스를 준비하기 위해 우리 팀에서 맡은 나라의 문화에 대해 사전 조사를 해 봅시다.

생각해 볼 점	• 해당 나라에 내가 조사한 문화가 생겨난 유래는 무엇일까? • 친구들이 흥미로워할 수 있는 내용인가? 어떻게 하면 친구들이 흥미를 가질까? • 우리 부스에서 내가 조사한 자료를 어떻게 전시하거나 활용할 수 있을까? • 포털사이트(네이버, 다음 등) 검색뿐 아니라 더 다양한 조사 방법은 없을까?

1단계: 조사할 나라 정하기

조사할 나라	
팀원	

2단계: 조사 계획 세우기

조사할 내용	
조사방법 (어디에서 어떻게 정보를 수집할 것인가?)	

3단계: 조사하기 (역할분담)

이름	조사할 내용	조사 방법

4단계: 조사 내용 정리하기

※ 조사한 것을 자유로운 형식으로 정리해봅시다.

자기평가 / 상호평가

이름	칭찬하고 싶은 점, 도와주고 싶은 점 등
(나)	

3~6차시

#여행박람회 #준비 #문화체험 고민하기

학습목표	다른 나라의 문화를 알리는 여행박람회를 기획하고 준비할 수 있다.

단계	생각 펼치기

수업자료

- 여행박람회 동영상, 문화체험 행사 동영상

수업의 초점

- 본 프로젝트는 학생들이 다른 나라의 문화를 직접 체험하고 문화의 다양성을 깨닫고 다른 나라의 문화에 관심과 흥미를 갖게 하는 것을 가장 큰 목표로 삼았다. 따라서 처음 제안된 '여행 책자 만들기' 활동을 '여행박람회' 활동으로 수정하여 실행하게 되었는데, 학생들이 여행박람회에 참여해 본 경험이 거의 없기 때문에 여행박람회가 어떤 것인지 아는 것이 선수과제로 제시되었다. 기술과 미디어의 발달로 여행사에서 올린 여행박람회 동영상을 찾아 학습자료로 활용할 수 있었다.
- 창의적인 주제로 박람회를 준비하기 때문에 창의적 체험활동의 자율 활동 영역에서 시수를 안배하여 학생들이 방과 후에 과제로 준비하는 부담을 덜고 학교 교육과정 내에서 박람회 준비시간을 충분히 가질 수 있도록 하였다.
- 실제 여행박람회는 여행 상품을 판매하기 위한 목적으로 이루어지기 때문에 학생들이 다양한 아이디어를 모아 체험활동 코너를 운영할 수 있도록 교사가 촉진자 역할을 해 주었다.

활동

단계	내용
여행박람회?	• 여행박람회 동영상을 통해 여행박람회가 무엇인지 알아보기
기획하기	• 해당 나라에 대해 알기 위해 필요한 내용 생각해보기
준비하기	• 조사내용 바탕으로 친구들과 함께 체험부스 준비하기

7~9차시

#영어 #여행박람회 당일 #존중하는 태도

성취기준	[6영01-02] 일상생활 속의 친숙한 주제에 관한 간단한 말이나 대화를 듣고 세부 정보를 파악할 수 있다. [6영02-07] 일상생활 속의 친숙한 주제에 관해 간단히 묻거나 답할 수 있다.

학습목표	여행박람회를 운영하고 체험하며 문화 다양성을 존중하는 태도를 설명할 수 있다.

단계	생각 나누기 → 생각 정리하기

수업자료

- 여행박람회 체험부스에 필요한 각종 준비물, 성찰 학습지

수업의 초점

- 다양한 문화의 특성을 알고 체험하는 축제의 과정에서 문화가 다르다는 것이 불편하고 이상한 것이 아니라 자연스럽고 즐거운 일이라는 마음을 심어주기 위해 학생들이 최대한 다양한 체험을 자유롭게 할 수 있도록 여행박람회를 진행하였다.
- 기획단계에서 서로가 다른 나라를 주제로 삼을 수 있도록 했던 것이 큰 힘을 발휘하여 학생들은 '80분간의 세계일주'라는 제목처럼 세계여행이라도 다녀온 양 신나고 즐거운 여행의 시간을 가질 수 있었다.
- 세계여행의 취지에 걸맞게 학생들은 간단한 영어를 사용하여 박람회장의 여러 나라를 누빌 수 있었다. 배운 내용 이상의 것을 설명할 때는 한국어를 사용하였으나 모두가 여행자라는 컨셉에 걸맞게 최대한 영어로 대화하려고 노력하는 모습이 웃음을 자아내기도 하였다.

활동

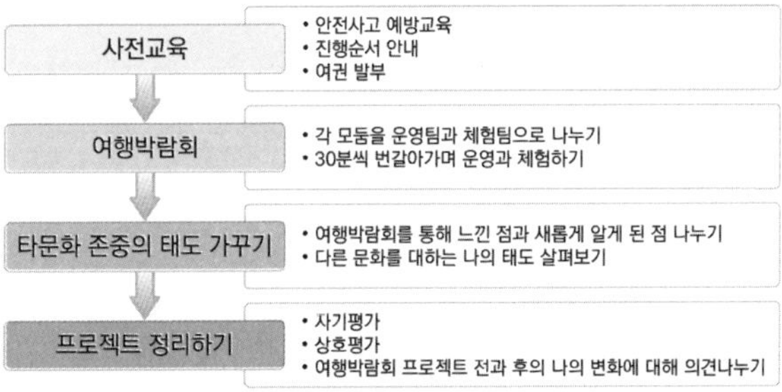

여행박람회에서 사용한 여권

복도에 전시한 각 나라의 문화소개자료

본교 원어민교사가 만든 한국문화소개 자료

학생들이 운영한 문화 체험 코너

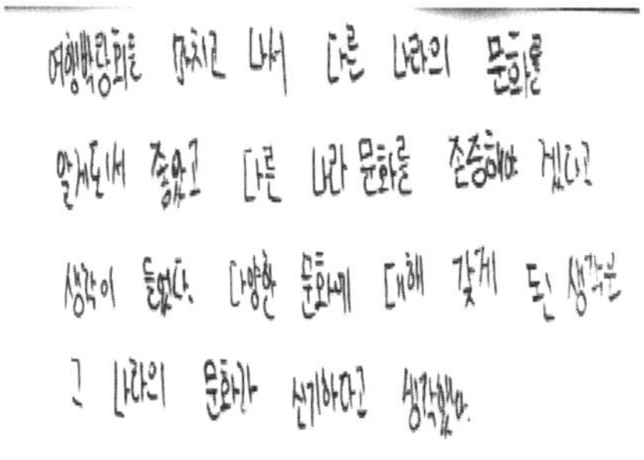

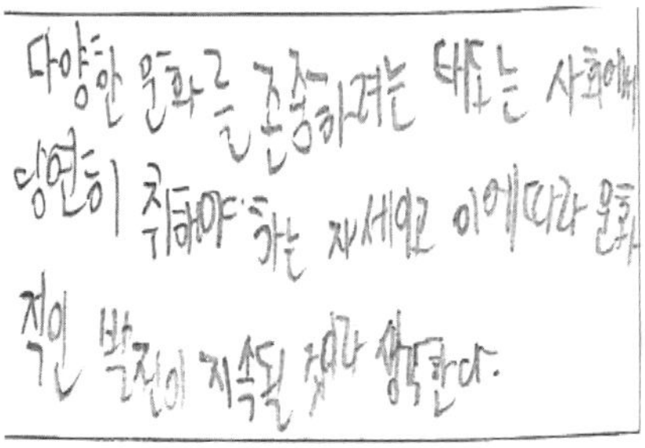

마. 평가 계획

일반적으로 지식, 기능, 태도의 측면에서 평가를 진행하는데, 본 프로젝트에서는 학생의 역량의 변화에 가장 초점을 두어 평가를 진행하여야 한다. 세계시민성의 한 부분인 타문화수용성을 학생이 얼마나 알고 실천할 수 있는지가 평가에 반영되어야 한다.

1) 평가 내용

주제	차시	차시별 학습 활동	평가 유형
80분간의 세계 일주를 통한 세계시민성 향상 프로젝트	1	나라마다 문화가 다양한 까닭을 설명하기	-서술평가 -토의토론 -자기평가 -상호평가
	2	다른 나라의 다양한 문화에 대해 조사할 수 있다.	
	3-6	다른 나라의 문화를 알리는 여행박람회를 기획하고 준비할 수 있다.	
	7~9	여행박람회를 운영하고 체험하며, 문화 다양성을 존중하는 태도를 기를 수 있다.	

2) 평가 기준

차시	수준 / 평가 기준	평가 수준		
		상	중	하
1	• 나라마다 문화가 다양한 까닭을 설명할 수 있는가?	나라마다 문화가 다양한 까닭을 근거를 들어 설명할 수 있다.	나라마다 문화가 다양한 까닭을 알고 있으며 설명할 수 있다.	나라마다 문화가 다양한 까닭을 제대로 설명하지 못한다.
2	• 다른 나라의 문화를 조사하여 필요한 형태로 재구성할 수 있는가?	다른 나라의 문화를 조사하여 다양한 형태로 재구성할 수 있다.	다른 나라의 문화를 조사할 수 있으나 주어진 틀에 맞추어 재구성할 수 있다.	다른 나라 문화를 조사하고 재구성하기 어려워한다.
3-6	• 다양한 문화를 주제로 여행박람회를 운영하고 체험할 수 있는가?	여행박람회 프로젝트에 적극적으로 참여하여 운영·체험한다.	여행박람회 프로젝트에 참여한다.	여행박람회에 대한 이해가 부족하고 적극적인 태도로 참여하지 않는다.

차시	수준 / 평가 기준	평가 수준		
		상	중	하
7-9	• 다양한 문화에 대해 흥미와 관심을 가지고 존중하려는 태도를 가지는가?	다양한 문화에 대해 흥미와 관심을 가지고 존중하려는 태도를 가진다.	다양한 문화에 대해 흥미와 관심을 가지나 존중하려는 태도는 부족하다.	다양한 문화에 대해 흥미와 관심이 없고 존중하려는 태도가 부족하다.

바. 참고자료

1) 범교과 학습주제로서 세계시민교육

교육과정의 범위를 넘어, 범교과적 주제로 제시되고 있는 세계시민교육을 좀 더 다양한 관점에서 이해하기 위해서 각계각층에서 세계시민교육을 어떻게 정의하고 있는지를 살펴본다면 교사가 교실에서 다양한 세계시민교육을 위해 교육과정을 재구성하고자 할 때 큰 도움이 될 것이라 생각한다. 한국교육개발원에서 발간한 '세계시민교육의 실태와 실천과제'에서 제시한 세계시민교육에 대한 다양한 정의는 아래 표와 같다.

〈세계시민 교육에 대한 다양한 정의〉

구분	단체 / 저자	개념
정부기관	교육부	인류의 보편적인 평화와 인권, 그리고 다양성과 관련된 지식과 기술을 학습하고 가치를 내면화시키며 책임감 있는 태도를 배양하는 교육
국제기구	UNESCO	보다 정의롭고, 평화로우며, 관용적이고, 포용적이며, 안전하고, 지속가능한 세상을 만드는 데 학양하는 패러다임
비정부기구(NGOs)	OXFAM	빠르게 변하고 상호의존적인 세상에서 학습자들의 삶의 도전과제와 기회를 비판적이고 적극적으로 참여하도록 하는 틀
	THINK GLOBAL	비판적이고 창의적인 사고, 다름에 대한 자각 및 열린 마음, 글로벌 이슈 및 힘의 관계이해, 더 나은 세상을 위한 낙관 및 실천
	국제개발협력시민사회포럼	복잡한 전 지구적 도전 문제들을 이해, 공동체적 의식 및 책임의식으로 이에 대응, 더불어 사는 사회를 만들기 위한 적극적이고 실천적인 역할과 참여를 진작하는 교육
학계	김용찬 · 박정훈	세계화 시대에서 평화의식을 보유하고 대응할 수 있도록 하는 세계시민의식과 세계시민으로서의 자질을 함양하고자 하는 교육적 노력
	성열관	글로벌 문제 해결 및 인권 존중, 지속가능 발전 및 협력, 평화 지향 및 인간 존중이라는 보편적 가치에 입각한 교육
	윤인진	인권을 존중하고 세계평화를 수호하며 다문화를 이해하고 세계에서 나타나는 문제를 인지하고 이를 해결할 수 있는 세계시민의 소양과 역량을 함양하는 교육
	Kirkwood	복합적 관점, 문화에 대한 이해와 존중, 글로벌 이슈 관련지식, 상호연계 체계로서의 세계에 대한 교육
	Davies	참여하여 학습하고 가치를 탐구하는 교육접근을 통해 글로벌 상호의존성과 문화다양성을 습득

〈참고문헌〉

- 교육부(2016). 2015 개정 교육과정 총론 해설(초등학교). 교육부.
- 이성희 · 김미숙 · 정바울 · 박 영 · 조윤정 · 송수희(2015). 세계시민교육의 실태와 실천과제, 연구보고 RR2015－25. 한국교육개발원.

색인

저자 약력

조호제 서울잠실초등학교 수석교사
고려대학교 겸임교수
고려대학교 교육학 박사
한국교원대학교 교육학 박사

김미자 서울용암초등학교 수석교사
서강대학교 문학 석사

김유신 서울금북초등학교 수석교사
한양대학교 교육학 석사

김자영 서울행당초등학교 수석교사
이화여자대학교 교육학 박사

김화영 서울고원초등학교 수석교사
서울교육대학교 교육학 석사

배난희 서울난곡초등학교 수석교사
서울교육대학교 교육학 석사

안희숙 서울신길초등학교 수석교사
경인교육대학교 교육학 석사

양미정 서울새솔초등학교 수석교사
서울교육대학교 교육학 석사

조선형 서울화곡초등학교 수석교사
서울교육대학교 교육학 석사

최은아 서울신미림초등학교 수석교사
국민대학교 겸임교수
한국교원대학교 교육학 박사

단원별 집필자

Ⅰ.	01 Why: 교육과정 재구성	조호제, 최은아
	02 How: 교육과정 재구성	조호제, 최은아
	03 When: 교육과정 재구성	조선형
Ⅱ.	01 국어과: 연극으로 나누는 우리들 이야기	김유신
	02 사회과: 미래를 위해 함께 알아가는 민주주의	안희숙
	03 수학과: '수학크리에이터 되기' 프로젝트	배난희
	04 과학과: 눈에 보이는 에너지 전환	배난희
	05 음악과: 브람스로 소통하기	김자영
Ⅲ.	01 독서교육: 토론으로 더 깊고 넓게 읽어요.	김미자
	02 진로교육: 책 속에서 찾아볼까?	김화영
	03 인성교육: 갈등의 다리를 넘어 평화의 샘으로	양미정
	04 세계시민교육: 더불어 하나 되는 우리	조선형

ON 교육과정 재구성: 아홉 가지 수업 이야기

초판발행 2020년 5월 11일

지은이 조호제 외 9인
펴낸이 노 현

편 집 배근하
기획/마케팅 이영조
표지디자인 이미연
제 작 우인도·고철민

펴낸곳 ㈜피와이메이트
서울특별시 금천구 가산디지털2로 53 한라시그마밸리 210호(가산동)
등록 2014. 2. 12. 제2018-000080호
전 화 02)733-6771
f a x 02)736-4818
e-mail pys@pybook.co.kr
homepage www.pybook.co.kr
ISBN 979-11-6519-065-1 93370

정 가 18,000원

박영스토리는 박영사와 함께하는 브랜드입니다.